PIZZA ET ANTIPASTI

BRIMAR

Éditrice   Angela Rahaniotis
Conception graphique   Zapp
Photographies   Marc Bruneau
Préparation des recettes / styliste   Josée Robitaille
Assistant styliste   Marc Maula

© 1994 Les Éditions Brimar Inc.
338, rue Saint-Antoine Est
Montréal, Canada H2Y 1A3
Tél. (514) 954-1441
Fax (514) 954-5086

ISBN 2-89433-137-1
Imprimé au Canada

PIZZA
ET
ANTIPASTI

Tout le monde aime les pizzas mais
beaucoup pensent qu'elles sont trop
compliquées à préparer.

Ce livre de cuisine vous convaincra
du contraire grâce à ses recettes de
pâtes à pizza faciles et à sa grande
diversité de sauces et de garnitures ;
vous ne tarderez pas à devenir
un expert en pizzas.

De plus, ce livre renferme un choix
délicieux d'antipasti, une façon tout à fait
italienne de commencer un repas. Votre
famille et vos amis raffoleront des
recettes telles que salades, trempettes,
légumes marinés, hors-d'œuvre variés.

Les photographies en couleur qui
accompagnent chacune des recettes vous
permettront de servir des antipasti et
des pizzas qui seront un régal tant pour
les yeux que pour le palais.

Bruschetta
(6 à 10 portions)

50 ml	huile d'olive extra vierge	¼ tasse
2	grosses tomates, pelées, épépinées et hachées	2
30 ml	basilic frais haché	2 c. à s.
3	gousses d'ail, épluchées, écrasées et tranchées	3
8	filets d'anchois, égouttés	8
10	tranches de baguette, grillées	10
	sel et poivre	

1 Faire chauffer la moitié de l'huile dans une poêle, à feu vif. Ajouter les tomates et le basilic ; assaisonner et faire cuire 4 minutes. Retirer la poêle du feu.

2 Faire chauffer le reste de l'huile dans une petite casserole. Ajouter l'ail et les filets d'anchois ; faire cuire 2 minutes.

3 Étaler environ 15 ml (1 c. à s.) du mélange aux tomates sur chaque tranche de pain. Garnir d'ail et de filets d'anchois. Bien poivrer et servir.

Croquettes de poulet épicées
(4 à 6 portions)

500 ml	poulet cuit, coupé en petits dés	2 tasses
375 ml	sauce blanche, chaude (voir p. 38)	1 ½ tasse
2	tranches de jambon cuit, hachées	2
60 ml	parmesan râpé	4 c. à s.
3	œufs	3
5 ml	huile d'olive extra vierge	1 c. à t.
375 ml	chapelure blanche	1 ½ tasse
1	pincée de muscade	1
	sel et poivre fraîchement moulu	
	quelques gouttes de sauce de piments	
	huile pour grande friture	

1 Dans un bol, mettre le poulet, la sauce blanche, le jambon, le fromage et un œuf. Bien assaisonner et mélanger. Ajouter la sauce de piments et la pincée de muscade. Si désiré, utiliser un robot culinaire.

2 Réfrigérer le mélange 15 minutes.

3 Façonner en petites croquettes. Battre les œufs qui restent avec l'huile d'olive. Tremper les croquettes dans ce mélange, puis les enrober de chapelure.

4 Faire frire les croquettes dans l'huile bouillante, jusqu'à ce qu'elles soient dorées. Servir avec une sauce épicée.

Salade de brocoli et de chou-fleur
(6 portions)

1	brocoli, en petits bouquets	1
1	petit chou-fleur, en bouquets	1
1	petite courgette, tranchée	1
1	poivron rouge, haché	1
6	cœurs d'artichauts, marinés dans l'huile	6
125 ml	olives Kalamata dénoyautées	1/2 tasse
6	filets d'anchois, égouttés et hachés	6
6	gousses d'ail, blanchies, épluchées et en purée	6
15 ml	persil frais haché	1 c. à s.
15 ml	basilic frais haché	1 c. à s.
75 ml	huile d'olive	1/3 tasse
60 g	gorgonzola, émietté	2 oz
	jus de 1 1/2 citron	
	sel et poivre	

1 Blanchir le brocoli dans de l'eau bouillante salée pendant 2 minutes. Égoutter, le passer sous l'eau froide, égoutter de nouveau et réserver.

2 Ajouter le chou-fleur et la courgette à l'eau bouillante. Faire blanchir 3 minutes. Égoutter, passer sous l'eau froide, égoutter de nouveau et réserver.

3 Mettre le brocoli, le chou-fleur, la courgette et le poivron haché dans un grand bol. Y ajouter les cœurs d'artichauts coupés en deux et les olives. Bien mélanger.

4 Dans un petit bol, à l'aide d'un fouet, mélanger les anchois, l'ail, les fines herbes et le jus de citron. Incorporer l'huile, toujours en fouettant. Poivrer et verser sur la salade.

5 Mélanger, rectifier l'assaisonnement et faire mariner 20 minutes à la température ambiante. Parsemer de fromage avant de servir.

Blanchir le brocoli dans de l'eau bouillante salée pendant 2 minutes. Égoutter, le passer sous l'eau froide, égoutter de nouveau et réserver.

Ajouter le chou-fleur et la courgette à l'eau bouillante. Faire blanchir 3 minutes. Égoutter, passer sous l'eau froide, égoutter de nouveau et réserver.

Y ajouter les cœurs d'artichauts coupés en deux et les olives.

Dans un petit bol, à l'aide d'un fouet, mélanger les anchois, l'ail, les fines herbes et le jus de citron. Incorporer l'huile, toujours en fouettant. Poivrer et verser sur la salade.

Œufs à la grecque
(4 portions)

3	blancs de poireaux	3
24	petits oignons blancs, épluchés	24
500 g	têtes de champignon frais, nettoyées	1 lb
4	gousses d'ail, épluchées	4
375 ml	vin blanc sec	1 ½ tasse
125 ml	eau	½ tasse
30 ml	pâte de tomates	2 c. à s.
2	feuilles de laurier	2
4	feuilles de basilic frais	4
12	grains de poivre noir	12
1 ml	thym	¼ c. à t.
4	œufs pochés, refroidis	4
	jus de ½ citron	
	sel et poivre	

1 Fendre les poireaux en quatre, jusqu'à 2,5 cm (1 po) de la base. Bien les laver sous l'eau froide. Trancher finement.

2 Mettre les poireaux dans de l'eau bouillante salée. Ajouter quelques gouttes de jus de citron et faire cuire 6 minutes, à feu moyen. Retirer et bien les égoutter.

3 Disposer les poireaux dans une casserole avec le reste des ingrédients, sauf les œufs. Faire cuire 15 minutes, à feu doux.

4 Servir le mélange aux poireaux sur les œufs pochés refroidis.

Chou-fleur et œufs durs
(4 à 6 portions)

1	gros chou-fleur, en bouquets blanchis	1
8	filets d'anchois, égouttés et hachés	8
175 ml	olives noires dénoyautées, tranchées	¾ tasse
45 ml	câpres	3 c. à s.
30 ml	basilic frais haché	2 c. à s.
60 ml	vinaigre balsamique	4 c. à s.
125 ml	huile d'olive extra vierge	½ tasse
2	œufs durs, coupés en quatre	2
	sel et poivre	

1 Mettre le chou-fleur dans un bol avec les anchois, les olives et les câpres. Bien assaisonner et ajouter le basilic ; mélanger délicatement.

2 Dans un autre bol, mélanger le vinaigre, le sel et le poivre. Y fouetter l'huile d'olive.

3 Verser la vinaigrette sur la salade et mélanger légèrement. Laisser mariner 15 minutes. Garnir d'œufs durs et servir.

Sandwiches à la mozzarella, gratinés
(6 à 8 portions)

6	tranches de pain italien de 8 mm (⅓ po) d'épaisseur	6
375 ml	lait	1 ½ tasse
375 ml	mozzarella râpée	1 ½ tasse
30 ml	farine	2 c. à s.
2	gros œufs, battus	2
45 ml	huile d'olive	3 c. à s.
45 ml	beurre	3 c. à s.
	sel et poivre	

1 Écroûter le pain. Tremper les tranches dans le lait.

2 Répartir le fromage entre trois tranches de pain. Bien assaisonner et couvrir des tranches de pain qui restent pour former des sandwiches. Couper les sandwiches en deux.

3 Saupoudrer les sandwiches de farine et tremper chacun d'eux dans les œufs battus.

4 Faire chauffer l'huile et le beurre dans une grande poêle, à feu moyen. Faire cuire les sandwiches 2 à 3 minutes de chaque côté, ou jusqu'à ce que le fromage soit fondu et le pain, doré.

5 Égoutter les sandwiches sur du papier absorbant, couper en petits carrés et servir chaud.

Courgettes farcies
(4 à 6 portions)

3	**courgettes**	3
3	**gros poivrons jaunes**	3
50 ml	**huile d'olive**	¼ **tasse**
4	**grosses tomates, pelées, épépinées et hachées**	4
2	**gousses d'ail, épluchées, écrasées et hachées**	2
45 ml	**basilic frais haché**	3 **c. à s.**
12	**tranches de caciocavallo**	12
	sel et poivre	
	quelques gouttes d'huile d'olive extra vierge	

Préchauffer le four à 200 °C (400 °F).

1 Trancher les courgettes en deux, dans le sens de la longueur. Avec une cuillère parisienne, découper en boulettes presque toute la chair des courgettes, en laissant la coquille intacte. Mettre les coquilles des courgettes dans de l'eau bouillante pendant 1 minute. Retirer et faire égoutter.

2 Couper les poivrons en deux et épépiner. Badigeonner la peau d'huile et mettre sur une plaque à biscuits, le côté coupé vers le bas ; faire griller au four, 6 à 8 minutes. Sortir du four et mettre dans un grand bol. Couvrir le bol d'une pellicule plastique. Laisser suer les poivrons 3 minutes, peler et jeter la peau. Émincer.

3 Faire chauffer l'huile dans une poêle, à feu moyen. Ajouter les tomates, l'ail et le basilic ; bien assaisonner. Faire cuire 10 minutes.

4 Disposer les coquilles de courgettes dans un plat allant au four. Les remplir du mélange aux tomates et couvrir de tranches de fromage. Arroser de quelques gouttes d'huile d'olive.

5 Faire griller au four 2 minutes, ou jusqu'à ce que le fromage fonde.

Mousse au fromage et aux crevettes
(6 à 10 portions)

45 ml	huile d'olive	3 c. à s.
500 g	crevettes, fraîches, décortiquées, déveinées et coupées en quatre	1 lb
3	échalotes sèches, épluchées et hachées	3
2	gousses d'ail, épluchées, écrasées et hachées	2
1	petit piment fort, épépiné et haché	1
250 g	fromage à la crème	½ lb
60 g	piments doux rôtis, hachés	2 oz
	sel et poivre	
	quelques gouttes de jus de lime	

1 Faire chauffer l'huile dans une poêle, à feu moyen. Ajouter les crevettes, les échalotes sèches, l'ail et le piment fort ; bien assaisonner. Faire cuire 4 minutes, en remuant une fois.

2 Laisser refroidir, puis mettre le mélange dans le bol du robot culinaire. Mélanger plusieurs secondes et ajouter le reste des ingrédients. Mélanger jusqu'à ce que le tout soit bien incorporé. Rectifier l'assaisonnement.

3 Servir sur des tranches de pain grillées, des biscuits salés ou des branches de céleri.

Trempette aux anchois et à l'ail
(6 à 10 portions)

1 litre	crème à 35 %	4 tasses
12	filets d'anchois, égouttés et finement hachés	12
4	gousses d'ail, épluchées, écrasées et finement hachées	4
	sel et poivre fraîchement moulu	
	poivre de Cayenne, au goût	

1 Verser la crème dans une casse-role, assaisonner et porter à ébullition. Faire réduire de moitié, à feu doux.

2 Ajouter les anchois et l'ail. Laisser mijoter 6 minutes.

3 Verser dans un caquelon à fondue et garder chaud pendant le service.

Servir avec des légumes frais et des tranches de pain grillées.

Ratatouille à la sicilienne

(6 à 8 portions)

2	grosses aubergines, coupées en cubes	2
125 ml	huile d'olive	½ tasse
3	oignons, épluchés et tranchés	3
3	gousses d'ail, épluchées, écrasées et hachées	3
4	grosses tomates, pelées, épépinées et hachées	4
45 ml	câpres	3 c. à s.
125 ml	olives dénoyautées	½ tasse
45 ml	vinaigre de vin blanc	3 c. à s.
15 ml	miel	1 c. à s.
	sel et poivre	

1 Étaler les cubes d'aubergine en une seule couche, dans un grand plat. Saupoudrer de sel et laisser dégorger 40 minutes à la température ambiante. Bien égoutter et réserver.

2 Faire chauffer 50 ml (¼ tasse) d'huile dans une grande poêle, à feu moyen. Ajouter les oignons et faire cuire 18 minutes, à feu doux.

3 Ajouter l'ail, les tomates, les câpres et bien assaisonner. Poursuivre la cuisson 10 minutes. Incorporer les olives.

4 Faire chauffer le reste de l'huile dans une autre poêle, à feu moyen. Ajouter les aubergines, assaisonner et faire cuire 15 minutes.

5 Incorporer aux aubergines le mélange aux tomates. Ajouter le vinaigre et le miel. Bien mélanger et rectifier l'assaisonnement. Poursuivre la cuisson 16 minutes, jusqu'à ce que le liquide soit entièrement évaporé.

6 Servir froid sur des petites rondelles de pain grillé.

Pain italien grillé avec tomates marinées
(6 portions)

3	gousses d'ail, blanchies, épluchées et en purée	3
45 ml	huile d'olive extra vierge	3 c. à s.
2	grosses tomates, pelées, épépinées et grossièrement hachées	2
30 ml	basilic frais haché	2 c. à s.
6	tranches épaisses de pain italien	6
6	tranches de fontina	6
8	filets d'anchois, égouttés et hachés	8
	sel et poivre fraîchement moulu	

Préchauffer le four à 180 °C (350 °F).

1 Mettre l'ail dans un bol. Ajouter l'huile d'olive et bien mélanger au fouet. Ajouter les tomates et le basilic ; bien mélanger. Assaisonner et faire mariner 30 minutes, à la température ambiante.

2 Disposer les tranches de pain italien sur une plaque à biscuits. Répartir le fromage entre les tranches de pain, garnir d'anchois hachés et poivrer.

3 Faire cuire au four 6 minutes, ou jusqu'à ce que le fromage soit fondu.

4 À l'aide d'une écumoire, recouvrir chaque portion de marinade aux tomates. Assaisonner de poivre fraîchement moulu et servir.

Céleri rémoulade
(4 à 6 portions)

1	gros céleri-rave, épluché et râpé	1
1	gros jaune d'œuf	1
15 ml	moutarde forte	1 c. à s.
3	gousses d'ail, blanchies, épluchées et en purée	3
15 ml	jus de citron	1 c. à s.
125 ml	huile d'olive	½ tasse
15 ml	persil frais haché	1 c. à s.
	jus de 1 citron	
	sel et poivre	
	feuilles de laitue	

1 Faire cuire le céleri-rave dans de l'eau bouillante salée et citronnée, pendant 5 minutes. Le passer sous l'eau froide pour arrêter le processus de cuisson. Égoutter et presser pour en exprimer tout le liquide.

2 Mettre le céleri-rave dans un grand bol avec le jus de 1 citron. Mélanger, couvrir le bol et réserver.

3 Mettre le jaune d'œuf, la moutarde, l'ail et 15 ml (1 c. à s.) de jus de citron dans un petit bol. Saler et poivrer. Mélanger au fouet.

4 Ajouter l'huile, en un mince filet, tout en fouettant continuellement. Si le mélange est trop épais, ajouter du jus de citron. Verser sur le céleri-rave et bien mélanger. Ajouter le persil, assaisonner et servir sur des feuilles de laitue.

Pesto sur baguette

(6 à 8 portions)

250 ml	basilic frais, lavé et asséché	1 tasse
250 ml	persil frisé frais, lavé et asséché	1 tasse
250 ml	persil italien frais, lavé et asséché	1 tasse
5	gousses d'ail, épluchées	5
175 ml	parmesan râpé	3/4 tasse
50 ml	pignons	1/4 tasse
125 ml	huile d'olive	1/2 tasse
75 ml	mayonnaise	1/3 tasse
2	baguettes	2
	quelques gouttes de jus de lime	
	sel et poivre fraîchement moulu	
	poivre de Cayenne, au goût	
	mozzarella râpée (facultatif)	

1 Mettre le basilic, le persil et l'ail dans le bol du robot culinaire. Mélanger plusieurs secondes. Ajouter le parmesan et les pignons ; mélanger de nouveau pour incorporer.

2 Ajouter l'huile par l'orifice du couvercle pendant que l'appareil est en marche. Bien mélanger. Verser dans un bol et incorporer la mayonnaise et le jus de lime. Bien assaisonner de sel, de poivre et de poivre de Cayenne.

3 Fendre les baguettes en deux, dans le sens de la longueur et les faire légèrement griller au four. Sortir du four et laisser refroidir.

4 Étaler le pesto sur les demi-baguettes grillées et faire griller au four, 1 minute. Si désiré, garnir de mozzarella râpée et faire griller 1 minute de plus. Trancher et servir chaud.

Poireaux braisés
(4 à 6 portions)

1 kg	blancs de poireaux	2 lb
250 ml	vin blanc sec	1 tasse
250 ml	eau	1 tasse
125 ml	huile d'olive	½ tasse
3	gousses d'ail, épluchées	3
12	grains de poivre	12
1	feuille de laurier	1
1	brin de thym frais	1
6	feuilles de basilic frais	6
	jus de 2 citrons	
	sel et poivre	

1 Fendre les poireaux en quatre, jusqu'à 2,5 cm (1 po) de la base. Bien les laver sous l'eau froide.

2 Mettre les poireaux et tous les autres ingrédients dans une grande poêle, à feu moyen. Porter à ébullition.

3 Faire cuire 35 minutes, à feu doux. Lorsque les poireaux sont cuits, retirer la casserole du feu et les laisser refroidir dans la marinade.

4 Servir les poireaux avec un peu de marinade.

Pétoncles épicés
(4 portions)

30 ml	huile d'olive	2 c. à s.
350 g	pétoncles frais, nettoyés et tranchés	¾ lb
30 ml	basilic frais haché	2 c. à s.
2	gousses d'ail, épluchées, écrasées et hachées	2
1	piment jalapeño, épépiné et haché	1
250 g	champignons frais, nettoyés et coupés en deux	½ lb
24	boules de concombre épépiné	24
45 ml	vinaigre balsamique	3 c. à s.
135 ml	huile d'olive extra vierge	9 c. à s.
	sel et poivre	
	feuilles de laitue	

1 Faire chauffer l'huile dans une poêle, à feu moyen. Ajouter les pétoncles et monter le feu à vif. Faire cuire 1 minute de chaque côté. Ajouter le basilic, l'ail, le piment jalapeño et bien assaisonner. Faire cuire encore 1 minute.

2 Retirer les pétoncles de la poêle et réserver dans un bol. Ajouter les champignons à la poêle chaude et faire cuire 3 minutes, à feu vif. Ajouter plus d'huile, si nécessaire.

3 Ajouter les champignons aux pétoncles dans le bol. Incorporer le concombre.

4 Mélanger le vinaigre et l'huile d'olive ; bien assaisonner. Verser sur la salade, mélanger pour incorporer et servir sur des feuilles de laitue.

Fenouil braisé à l'huile d'olive

(4 à 6 portions)

3	gros bulbes de fenouil	3
125 ml	huile d'olive	½ tasse
3	gousses d'ail, épluchées	3
1	brin de thym frais	1
12	feuilles de basilic frais	12
12	grains de poivre	12
2	feuilles de laurier	2
1	piment fort, épépiné et tranché	1
	jus de 1 citron	
	sel et poivre	
	eau	
	quartiers de citron	
	basilic frais haché	
	feuilles de laitue	

1 Enlever les tiges et les feuilles vertes des bulbes de fenouil. Éplucher les bulbes et les couper en deux dans le sens de la longueur, puis les trancher en lanières.

2 Mettre le fenouil dans une poêle avec tous les autres ingrédients, sauf le citron, le basilic haché et les feuilles de laitue. Ajouter juste assez d'eau pour couvrir. Assaisonner et porter à ébullition.

3 Faire cuire à découvert, à feu doux, 30 minutes ou jusqu'à ce que le fenouil soit tendre. Si le liquide s'évapore trop rapidement, rajouter de l'eau au besoin.

4 Laisser refroidir le fenouil dans la marinade. Servir sur des feuilles de laitue avec un peu de marinade. Garnir de tranches de citron et de basilic haché, si désiré.

Prosciutto avec figues farcies
(4 portions)

8	figues fraîches, coupées en deux	8
15 ml	fruits confits	1 c. à s.
15 ml	miel	1 c. à s.
75 ml	mélange de noix hachées	1/3 tasse
250 à 375 g	prosciutto	1/2 à 3/4 lb
	tranches de citron	

1 À l'aide d'une cuillère, retirer 5 ml (1 c. à t.) de chair de chaque demi-figue. Mettre la chair dans un bol et ajouter les fruits confits et le miel ; bien mélanger. Ajouter les noix et mélanger de nouveau. Farcir les figues de ce mélange.

2 Disposer les tranches de prosciutto et les figues farcies sur un plat de service. Garnir de tranches de citron.

Thon aux haricots blancs
(4 à 6 portions)

2	boîtes de 540 ml (19 oz) chacune de haricots blancs, égouttés	2
50 ml	huile d'olive	¼ tasse
15 ml	jus de citron	1 c. à s.
3	oignons verts, hachés	3
2	gousses d'ail, épluchées, écrasées et hachées	2
30 ml	persil italien haché	2 c. à s.
15 ml	basilic frais haché	1 c. à s.
180 g	thon à l'huile en conserve, bien égoutté	6,5 oz
	sel et poivre	
	feuilles de laitue	

1 Mettre les haricots dans un bol.

2 Verser l'huile dans un petit bol et ajouter le jus de citron ; bien assaisonner. Ajouter les oignons verts et l'ail. Bien mélanger. Ajouter le persil et le basilic ; remuer.

3 Verser la vinaigrette sur les haricots et bien mélanger. Émietter le thon sur les haricots. Mélanger, rectifier l'assaisonnement et servir sur des feuilles de laitue.

Têtes de champignon cuites et marinées
(4 à 6 portions)

50 ml	vin blanc sec	¼ tasse
125 ml	huile d'olive	½ tasse
30 ml	eau	2 c. à s.
2	feuilles de laurier	2
4	gousses d'ail	4
12	grains de poivre	12
6	feuilles de basilic frais	6
1	brin de thym frais	1
450 g	petites têtes de champignon frais, nettoyées	1 lb
	jus de 1 citron	
	sel et poivre fraîchement moulu	
	poivre de Cayenne au goût	

1 Mettre tous les ingrédients, sauf les champignons, dans une casserole. Porter à ébullition et faire cuire 10 minutes, à feu moyen.

2 Ajouter les champignons à la casserole, assaisonner et mélanger. Faire cuire à feu doux, 6 à 8 minutes.

3 Laisser refroidir les champignons dans la marinade. Servir.

Salade de moules et de cœurs d'artichauts

(4 portions)

1,5 kg	moules, nettoyées et grattées	3 lb
125 ml	vin blanc sec	½ tasse
1	échalote sèche, épluchée et hachée	1
15 ml	persil frais haché	1 c. à s.
15	cœurs d'artichauts, marinés dans l'huile	15
4	feuilles de basilic frais	4
125 ml	olives noires dénoyautées	½ tasse
90 g	feta, coupée en dés	3 oz
45 ml	vinaigre de vin	3 c. à s.
125 ml	huile d'olive	½ tasse
1 ml	origan	¼ c. à t.
	sel et poivre	
	feuilles de laitue	

1 Mettre les moules dans une casserole avec le vin, l'échalote sèche et le persil. Couvrir et faire cuire 4 minutes, à feu moyen, ou jusqu'à ce que les coquilles s'ouvrent. Jeter toutes celles qui sont fermées.

2 Découquiller les moules et les mettre dans un bol. Égoutter les artichauts et les couper en quartiers ; les mettre dans le bol avec les moules. Incorporer les feuilles de basilic, les olives et le fromage feta. Bien assaisonner.

3 Mettre le vinaigre, le sel, le poivre et l'origan dans un autre bol. Ajouter l'huile en fouettant pour bien incorporer. Verser sur les moules et bien mélanger. Rectifier l'assaisonnement et servir sur des feuilles de laitue.

Artichauts à l'italienne
(4 à 6 portions)

12	très petits artichauts frais	12
250 ml	vin blanc sec	1 tasse
125 ml	huile d'olive	½ tasse
125 ml	eau	½ tasse
12	grains de poivre	12
12	petites échalotes sèches, épluchées	12
1	feuille de laurier	1
2	gousses d'ail, épluchées	2
	jus de 1½ citron	
	sel et poivre	

1 Mettre tous les ingrédients dans une casserole. Porter à ébullition.

2 Faire cuire les artichauts à feu doux, 45 minutes. Si le liquide s'évapore trop rapidement, ajouter un mélange de vin et d'eau.

3 Lorsque les artichauts sont cuits, retirer la casserole du feu et les laisser refroidir dans la marinade.

4 Servir les artichauts avec un peu de marinade. Ne pas égoutter.

5 Accompagner de sauce tomate fraîche, si désiré.

Croustade d'aubergine
(6 à 8 portions)

50 ml	huile d'olive	¼ tasse
1	oignon, épluché et haché	1
3	gousses d'ail, épluchées, écrasées et hachées	3
1	petite aubergine, coupée en dés	1
3	tomates, pelées, épépinées et hachées	3
1 ml	piments forts écrasés	¼ c. à t.
30 ml	basilic frais haché	2 c. à s.
12	tranches de pain italien, grillées	12
12	filets d'anchois, égouttés	12
12	tranches de scamorze	12
	poivre fraîchement moulu	
	quelques gouttes d'huile d'olive extra vierge	

1 Faire chauffer l'huile dans une poêle, à feu moyen. Ajouter l'oignon et l'ail ; faire cuire 4 minutes, à feu doux.

2 Ajouter l'aubergine, les tomates et les assaisonnements. Faire cuire 20 minutes, à feu moyen.

3 Laisser refroidir le mélange à la température ambiante, puis l'étaler sur les tranches de pain grillées. Garnir des filets d'anchois et du fromage. Arroser de quelques gouttes d'huile d'olive. Poivrer généreusement. Faire griller 3 minutes et servir.

Tomates avec bocconcini

(4 portions)

2	bottes de basilic frais	2
4	tomates moyennes	4
24	gros morceaux de bocconcini	24
50 ml	vinaigre balsamique	¼ tasse
125 ml	huile d'olive	½ tasse
	sel et poivre fraîchement moulu	

1 Couper les tiges de basilic, laver les feuilles et bien assécher.

2 Évider les tomates, puis les couper en quartiers. Les mettre dans un bol avec le fromage et les autres ingrédients, y compris le basilic. Mélanger et laisser mariner 30 minutes à la température ambiante.

3 Disposer les tomates, le fromage et le basilic sur un plat de service. Arroser du liquide contenu dans le bol et servir.

Haricots blancs et crevettes
(4 à 6 portions)

45 ml	huile d'olive	3 c. à s.
1	oignon rouge, épluché et tranché en rondelles	1
½	branche de céleri, tranchée	½
2	gousses d'ail, épluchées et émincées	2
500 g	crevettes fraîches, décortiquées et déveinées	1 lb
1 ml	piments forts écrasés	¼ c. à t.
60 g	piments doux rôtis, hachés	2 oz
375 ml	haricots blancs cuits	1 ½ tasse
45 ml	jus de citron	3 c. à s.
90 ml	huile d'olive extra vierge	6 c. à s.
30 ml	basilic frais haché	2 c. à s.
	sel et poivre	

1 Faire chauffer 45 ml (3 c. à s.) d'huile d'olive dans une poêle, à feu moyen. Ajouter l'oignon, le céleri et l'ail; bien assaisonner. Faire cuire 6 minutes, à feu doux.

2 Ajouter les crevettes et les piments forts. Monter le feu à vif et faire cuire 3 à 4 minutes, en remuant de temps en temps.

3 Mettre le mélange dans un bol. Ajouter les piments doux rôtis et les haricots blancs; bien assaisonner. Mélanger le jus de citron et l'huile d'olive. Ajouter le basilic, mélanger et laisser mariner 15 minutes à la température ambiante.

Champignons marinés au vinaigre balsamique
(4 à 6 portions)

500 g	champignons frais, nettoyés et émincés	I lb
3	oignons verts, hachés	3
45 ml	vinaigre balsamique	3 c. à s.
125 ml	huile d'olive	½ tasse
15 ml	basilic frais haché	I c. à s.
	jus de 2 citrons	
	sel et poivre	

1 Mettre les champignons dans un bol. Ajouter le jus de citron en mélangeant pour bien mouiller les champignons. Ajouter les oignons verts.

2 Dans un petit bol, mélanger le vinaigre, l'huile, le sel et le poivre. Verser sur les champignons et bien mélanger. Ajouter le basilic et mélanger de nouveau.

3 Couvrir et laisser mariner I heure au réfrigérateur. Servir les champignons avec un peu de marinade.

Salade de pommes de terre, de haricots et de fruits de mer

(4 à 6 portions)

3	pommes de terre, bouillies avec la peau	3
125 g	haricots blancs cuits	¼ lb
125 ml	olives noires dénoyautées, tranchées	½ tasse
90 ml	huile d'olive extra vierge	6 c. à s.
2	gousses d'ail, épluchées, écrasées et hachées	2
10 ml	persil frais haché	2 c. à t.
10 ml	basilic frais haché	2 c. à t.
3	filets d'anchois, égouttés et hachés	3
30 ml	câpres	2 c. à s.
250 g	crevettes fraîches, cuites, décortiquées et déveinées	½ lb
90 g	chair de crabe cuite	3 oz
	jus de 1 ou 2 citrons	
	sel et poivre	
	poivre de Cayenne au goût	

1 Éplucher les pommes de terre et les couper en deux. Les mettre dans un bol avec les haricots et les olives. Réserver.

2 Faire chauffer l'huile dans une poêle, à feu moyen. Ajouter l'ail, le persil, le basilic et les anchois. Faire cuire 1 minute. Ajouter les câpres et du jus de citron au goût ; bien assaisonner. Faire cuire 30 secondes.

3 Mélanger la préparation et la verser chaude sur les ingrédients de la salade. Bien mélanger et rectifier l'assaisonnement. Ajouter du poivre de Cayenne au goût.

4 Incorporer les crevettes et la chair de crabe et laisser mariner 30 minutes à la température ambiante avant de servir.

Poivrons grillés et tomates
(4 à 6 portions)

6	poivrons	6
50 ml	huile d'olive extra vierge	¼ tasse
4	tomates, évidées et tranchées	4
2	gousses d'ail, épluchées et émincées	2
8	filets d'anchois, égouttés et hachés	8
8	feuilles de basilic frais	8
	sel et poivre	

1 Couper les poivrons en deux et les épépiner. Badigeonner la peau d'huile et mettre sur une plaque à biscuits, le côté coupé vers le bas ; faire griller au four, 10 minutes. Sortir du four et laisser refroidir. Peler et jeter la peau. Émincer.

2 Disposer les lamelles de poivron sur un plat de service ; arroser d'un peu d'huile. Couvrir de tranches de tomates.

3 Ajouter l'ail et les filets d'anchois ; bien assaisonner. Arroser avec le reste de l'huile et garnir de feuilles de basilic. Faire mariner 18 minutes à la température ambiante avant de servir.

Moules au fromage dolcelatte
(4 à 6 portions)

1 kg	moules, nettoyées et grattées	2 lb
50 ml	vin blanc sec	1/4 tasse
500 ml	haricots blancs cuits	2 tasses
2	échalotes sèches, épluchées et hachées	2
2	gousses d'ail, épluchées, écrasées et hachées	2
30 ml	basilic frais haché	2 c. à s.
15 ml	câpres	1 c. à s.
15 ml	moutarde forte	1 c. à s.
50 ml	huile d'olive extra vierge	1/4 tasse
90 g	dolcelatte, émietté	3 oz
	sel et poivre fraîchement moulu	
	jus de citron	

1 Mettre les moules et le vin dans une casserole. Couvrir et faire cuire 5 à 6 minutes, à feu moyen, ou jusqu'à ce que les coquilles s'ouvrent.

2 Jeter les coquilles fermées. Décoquiller les moules et les mettre dans un bol. Ajouter les haricots, les échalotes sèches, l'ail, le basilic et les câpres ; bien assaisonner.

3 Dans un autre bol, mélanger la moutarde, l'huile d'olive et du jus de citron au goût. Verser sur les moules et bien mélanger.

4 Incorporer le fromage et laisser mariner 15 minutes avant de servir.

Antipasto de poivrons jaunes grillés
(4 à 6 portions)

6	poivrons jaunes	6
90 g	fontina, coupé en julienne	3 oz
125 ml	olives vertes dénoyautées	½ tasse
50 ml	huile d'olive extra vierge	¼ tasse
15 ml	moutarde forte	1 c. à s.
30 ml	crème à 35 %	2 c. à s.
	sel et poivre fraîchement moulu	
	feuilles de laitue	

1 Couper les poivrons en deux et épépiner. Badigeonner la peau d'huile et mettre sur une plaque à biscuits, le côté coupé vers le bas ; faire griller au four, 6 à 8 minutes. Sortir du four et mettre dans un grand bol. Couvrir le bol d'une pellicule plastique. Laisser suer les poivrons 3 minutes, peler et jeter la peau. Émincer.

2 Mettre les poivrons et tous les autres ingrédients dans un bol. Bien mélanger et rectifier l'assaisonnement.

3 Laisser mariner 30 minutes à la température ambiante. Servir sur des feuilles de laitue.

Comment peler et épépiner les tomates fraîches

1 Évider les tomates.

2 Les plonger brièvement dans une casserole remplie d'eau bouillante, juste assez pour que la peau se détache.

3 Retirer les tomates de l'eau et les laisser refroidir légèrement pour pouvoir les manipuler, puis les peler.

4 Trancher les tomates en deux dans le sens de la largeur. D'une main, prendre une demi-tomate, le côté coupé vers le bas. Presser au-dessus d'un bol pour éliminer les pépins.

5 Hacher les tomates ou les couper en cubes.

Sauce tomate au basilic

5	tomates, évidées	5
30 ml	huile d'olive	2 c. à s.
1	oignon, épluché et haché	1
3	gousses d'ail, épluchées, écrasées et hachées	3
250 ml	vin blanc sec	1 tasse
45 ml	basilic frais haché	3 c. à s.
1	petit piment fort, épépiné et haché	1
	sel et poivre	

1 Plonger les tomates dans une casserole d'eau bouillante. Les retirer après 1 minute. Lorsqu'elles sont suffisamment froides pour être manipulées, les peler. Couper les tomates en deux dans le sens de la largeur et les épépiner. Hacher la pulpe et réserver.

2 Faire chauffer l'huile dans une poêle, à feu moyen. Ajouter l'oignon et l'ail ; faire cuire 4 minutes.

3 Monter le feu à vif et ajouter le vin ; faire cuire 3 minutes.

4 Ajouter le reste des ingrédients, y compris la pulpe des tomates, et porter à ébullition. Baisser le feu à doux et faire cuire la sauce 30 minutes. Ne pas couvrir. Remuer de temps à autre.

5 Laisser la sauce refroidir avant de la réfrigérer.

Tomates fraîches sautées

50 ml	huile d'olive	¼ tasse
3	échalotes sèches, épluchées et hachées	3
3	gousses d'ail, épluchées, écrasées et hachées	3
250 ml	vin blanc sec	1 tasse
5	tomates, évidées, pelées et épépinées	5
15 ml	basilic	1 c. à s.
5 ml	origan	1 c. à t.
1 ml	piments forts écrasés	¼ c. à t.
45 ml	tomates séchées hachées	3 c. à s.
	sel et poivre	

1 Faire chauffer l'huile dans une poêle, à feu moyen. Ajouter les échalotes sèches et l'ail ; faire cuire 3 minutes, à feu doux.

2 Ajouter le vin, monter le feu à vif et faire cuire 2 minutes.

3 Hacher les tomates et les ajouter à la poêle avec les assaisonnements et les tomates séchées. Faire cuire 10 minutes, à feu vif.

4 Baisser le feu à doux. Poursuivre la cuisson du mélange 5 à 8 minutes.

5 Laisser refroidir avant de réfrigérer.

Pesto

8	gousses d'ail	8
500 ml	feuilles de basilic frais, lavées et asséchées	2 tasses
125 ml	parmesan râpé	½ tasse
125 ml	huile d'olive	½ tasse
	sel et poivre	

1 Mettre les gousses d'ail non épluchées dans une casserole avec 250 ml (1 tasse) d'eau. Porter à ébullition et laisser cuire 4 minutes. Retirer les gousses d'ail de l'eau et laisser refroidir. Éplucher les gousses d'ail et les mettre dans le bol du robot culinaire.

2 Ajouter à l'ail le basilic et le fromage. Bien assaisonner et mélanger quelques minutes pour obtenir une purée.

3 Pendant que le robot culinaire est en marche, verser l'huile, en un mince filet, par l'orifice du couvercle. Les ingrédients devraient être bien incorporés.

4 Pour ranger le pesto, le mettre dans un bocal. Couvrir la surface d'une pellicule plastique et appuyer légèrement dessus avec les doigts. Fermer hermétiquement le bocal. Peut se garder jusqu'à 3 jours au réfrigérateur.

Sauce blanche

60 ml	beurre	4 c. à s.
½	oignon, haché	½
60 ml	farine	4 c. à s.
500 ml	lait, chaud	2 tasses
1	pincée de muscade	1
	sel et poivre blanc	

1 Faire chauffer le beurre dans une casserole, à feu moyen. Ajouter l'oignon et faire revenir 2 minutes, à feu doux.

2 Incorporer la farine et poursuivre la cuisson 1 minute.

3 Ajouter le lait en fouettant continuellement. Bien assaisonner et ajouter la muscade. Faire cuire la sauce 8 à 10 minutes, à feu doux. Remuer 3 à 4 fois pendant la cuisson.

4 Filtrer la sauce dans un bol, à l'aide d'une passoire. Mettre une feuille de papier ciré sur la surface de la sauce et laisser refroidir avant de réfrigérer.

5 Cette sauce peut se garder jusqu'à 3 jours au réfrigérateur.

Sauce épicée de style gaspacho

1	branche de céleri, coupée en dés	1
1	tomate, pelée, épépinée et coupée en quartiers	1
1	poivron vert, coupé en dés	1
1	piment jalapeño, épépiné et haché	1
2	échalotes sèches, épluchées et hachées	2
2	gousses d'ail, épluchées	2
2 ml	origan	½ c. à t.
250 ml	bouillon de poulet, chaud	1 tasse
15 ml	fécule de maïs	1 c. à s.
45 ml	eau froide	3 c. à s.
	sel et poivre	

1 Dans le bol du robot culinaire, mettre le céleri, la tomate, le poivron, le piment jalapeño, les échalotes sèches, l'ail et l'origan. Mélanger pour bien incorporer.

2 Verser le mélange dans une casserole. Ajouter le bouillon de poulet et bien assaisonner. Faire cuire la sauce 10 minutes, à feu moyen.

3 Diluer la fécule de maïs dans l'eau froide. Incorporer à la sauce et faire cuire 1 minute à feu doux pour faire épaissir. Verser la sauce dans un bol, laisser refroidir, couvrir et réfrigérer.

4 Cette sauce peut se garder jusqu'à 3 jours au réfrigérateur.

Rouille pour pizza

4	poivrons rouges	4
7	gousses d'ail, non épluchées	7
30 ml	chapelure blanche	2 c. à s.
125 ml	huile d'olive	½ tasse
	sel et poivre	

1 Couper les poivrons en deux et les épépiner. Badigeonner la peau d'huile et les mettre sur une plaque à biscuits, le côté coupé vers le bas ; faire griller au four 6 minutes. Sortir du four et laisser refroidir. Peler et réserver.

2 Mettre les gousses d'ail non épluchées dans une casserole avec 250 ml (1 tasse) d'eau. Porter à ébullition et faire cuire 4 minutes. Retirer les gousses d'ail et les laisser refroidir. Peler et mettre dans le bol du robot culinaire.

3 Ajouter les poivrons à l'ail et mélanger pour réduire en purée. Ajouter la chapelure et bien assaisonner ; mélanger de nouveau.

4 Pendant que le robot est en marche, verser l'huile, en un mince filet, par l'orifice du couvercle. Les ingrédients devraient être bien incorporés. Selon la consistance désirée, ajouter jusqu'à 50 ml (¼ tasse) d'huile.

5 Rectifier l'assaisonnement, couvrir et mettre au réfrigérateur. Cette sauce peut se garder jusqu'à 3 jours.

Sauce ratatouille

I	poivron jaune	I
I	poivron rouge	I
30 ml	huile d'olive	2 c. à s.
I	oignon, épluché et haché	I
3	gousses d'ail, épluchées, écrasées et hachées	3
2	échalotes sèches, épluchées et hachées	2
I	aubergine moyenne avec la peau, coupée en dés	I
I	petite courgette, coupée en dés	I
4	tomates, pelées, épépinées et hachées	4
30 ml	basilic frais haché	2 c. à s.
I ml	thym	¼ c. à t.
	sel et poivre	

1 Couper les poivrons en deux et les épépiner. Badigeonner la peau d'huile et les mettre sur une plaque à biscuits, le côté coupé vers le bas. Faire griller 6 minutes au four. Sortir du four et laisser refroidir. Peler, trancher finement et réserver.

2 Faire chauffer l'huile dans une poêle, à feu moyen. Ajouter l'oignon, l'ail et les échalotes sèches ; faire cuire 4 minutes.

3 Ajouter l'aubergine, bien assaisonner et poursuivre la cuisson 6 minutes. Ajouter la courgette et faire cuire 3 minutes.

4 Ajouter le reste des ingrédients, bien mélanger et faire cuire 30 minutes, à feu doux. Remuer de temps à autre.

5 Peut se garder couvert, jusqu'à 3 jours au réfrigérateur.

Sauce épaisse pour pizza

60 ml	huile d'olive	4 c. à s.
I	oignon, épluché et haché	I
3	gousses d'ail, épluchées, écrasées et hachées	3
2	boîtes de tomates italiennes de 796 ml (28 oz) chacune	2
I	boîte de pâte de tomates de 156 ml (5½ oz)	I
30 ml	basilic frais haché	2 c. à s.
15 ml	origan frais haché	I c. à s.
I	piment fort, épépiné et haché	I
2 ml	thym	½ c. à t.
I	feuille de laurier	I
I	pincée de sucre	I
	sel et poivre	

1 Faire chauffer l'huile dans une grande poêle, à feu moyen. Ajouter l'oignon et l'ail ; faire revenir 3 minutes, à feu doux.

2 Hacher les tomates et les ajouter à la poêle, avec leur jus. Incorporer la pâte de tomates et le reste des ingrédients. Bien mélanger.

3 Faire cuire la sauce à découvert 1 heure, à feu doux. Remuer de temps à autre. La sauce devrait épaissir.

4 Peut se garder jusqu'à 3 jours au réfrigérateur.

Conseils pour faire une pizza

•

Toujours faire cuire la pizza dans un four très chaud,
sur la grille la plus basse. La façon la plus simple est
d'utiliser un moule à pizza plein ou perforé.

•

Pour obtenir une croûte croustillante, graisser le moule
à pizza avec de l'huile d'olive.

•

Vous trouverez, dans les supermarchés,
un bon choix d'abaisses de pâte à pizza toutes préparées ou
de pâtes prêtes à être abaissées.

•

Lorsque vous faites votre propre pâte, assurez-vous
que l'eau soit à la température voulue et que la pâte soit placée
dans un endroit chaud pour la faire lever.

•

Il faut s'exercer pour obtenir l'épaisseur de pâte désirée
en abaissant une pâte à pizza. Tournez la pâte régulièrement et
retournez-la pendant que vous l'abaissez pour maintenir
sa forme ronde. L'épaisseur de l'abaisse est une question de goût.
Plus elle est mince, plus elle sera croustillante.

•

Vous pouvez donner différentes formes à votre pizza : carrée,
rectangulaire, triangulaire, etc.

•

Striez toujours les bords des abaisses pour éviter que la sauce
ne déborde. Lorsque vous garnissez votre pizza de sauce,
étalez cette dernière jusqu'à environ 2,5 cm (1 po) du bord.

•

Les recettes donnent les mesures pour la sauce et le fromage.
Ces quantités peuvent être augmentées ou diminuées
selon vos goûts et la sorte de pâte à pizza utilisée.

Pâte à pizza de base

2 pizzas de 35 cm (14 po)

300 ml	eau tiède	1¼ tasse
1	enveloppe de levure	1
875 ml	farine tout usage	3½ tasses
5 ml	sel	1 c. à t.
50 ml	huile d'olive	¼ tasse
1	pincée de sucre	1

*Il est important que la température de l'eau atteigne près de 43 °C (110 °F).

1 Verser 50 ml (¼ tasse) d'eau tiède dans un bol. Saupoudrer la levure sur l'eau et laisser reposer 2 minutes. Ajouter la pincée de sucre et couvrir le bol. Mettre dans un endroit chaud pendant 5 à 6 minutes, jusqu'à ce que la levure commence à faire des bulles.

2 Mettre la farine et le sel dans un grand bol. Creuser un puits au centre et y verser la levure. Ajouter le reste de l'eau et l'huile ; mélanger à la main.

3 Lorsque les ingrédients seront bien mélangés, façonner la pâte en boule et la mettre sur une surface de travail farinée. Pétrir 10 minutes, jusqu'à ce qu'elle soit lisse et élastique.

4 Façonner en boule et mettre dans un bol huilé. Couvrir d'une pellicule plastique et laisser lever 2 heures dans un endroit chaud.

5 Diviser la pâte en deux. Abaisser chaque moitié sur une surface farinée jusqu'à l'épaisseur désirée. Faire tourner la pâte tout en l'abaissant pour qu'elle soit ronde et d'une épaisseur régulière.

6 Pincer les bords de la croûte. Garnir et faire cuire.

Pizza végétarienne
1 pizza de 35 cm (14 po)

6	tranches de courge d'été jaune	6
6	tranches de courgette	6
5	rondelles d'oignon rouge	5
½	poivron vert, tranché	½
½	poivron jaune, tranché	½
4	tranches d'aubergine italienne*	4
45 ml	huile d'olive	3 c. à s.
175 ml	sauce épaisse pour pizza (voir p. 42)	¾ tasse
1	abaisse de pâte à pizza	1
250 ml	mozzarella râpée	1 tasse
6	tomates cerises, coupées en deux	6
1	gousse d'ail, épluchée et tranchée	1
	sel et poivre fraîchement moulu	

Préchauffer le four à 260 °C (500 °F).

1 Mettre le four à gril. Badigeonner les légumes d'huile d'olive, sauf les tomates cerises. Les mettre dans une rôtissoire et les faire griller 4 minutes. Assaisonner et réserver.

2 Remettre le four à 260 °C (500 °F).

3 Badigeonner la pâte à pizza de sauce. Ajouter les légumes grillés et le fromage.

4 Garnir des tomates cerises et parsemer d'ail. Bien poivrer.

5 Faire cuire au four, 10 à 12 minutes.

*L'aubergine italienne, souvent appelée aubergine miniature, est beaucoup plus petite que l'aubergine ordinaire et a une peau beaucoup plus délicate.

Pizza à la courgette
1 pizza de 35 cm (14 po)

45 ml	huile d'olive	3 c. à s.
1	oignon, épluché et haché	1
2	gousses d'ail, épluchées, écrasées et hachées	2
1	piment jalapeño, épépiné et haché	1
1	courgette, coupée en tranches de 5 mm (¼ po) d'épaisseur	1
30 ml	basilic frais haché	2 c. à s.
250 ml	sauce ratatouille (voir p. 41)	1 tasse
1	abaisse de pâte à pizza	1
300 ml	mozzarella râpée	1 ¼ tasse
1	pincée de thym	1
	sel et poivre fraîchement moulu	

Préchauffer le four à 260 °C (500 °F).

1 Faire chauffer l'huile dans une poêle, à feu moyen. Ajouter l'oignon et faire cuire 4 minutes. Ajouter l'ail, le piment jalapeño, la courgette et les assaisonnements. Bien mélanger et faire cuire 6 minutes, à feu vif.

2 Étaler la sauce ratatouille sur la pâte à pizza. Couvrir du mélange à la courgette et garnir de fromage. Poivrer.

3 Faire cuire au four, 10 à 12 minutes.

Focaccia
(6 à 8 portions)

250 ml	eau tiède	1 tasse
2 ml	sucre	1/2 c. à t.
1	enveloppe de levure	1
625 ml	farine blanche non raffinée	2 1/2 tasses
30 ml	beurre	2 c. à s.
1/2	oignon, finement haché	1/2
125 ml	basilic frais haché	1/2 tasse
60 ml	huile d'olive	4 c. à s.
	sel	

1 Mettre l'eau, le sucre et la levure dans un bol. Garder dans un endroit chaud pendant 10 minutes.

2 Ajouter les trois quarts de la farine à la levure et bien mélanger. Garder dans un endroit chaud pendant 2 1/2 heures.

3 Faire chauffer le beurre dans une poêle, à feu moyen. Ajouter l'oignon et faire cuire 10 minutes, à feu doux. Ajouter le basilic et poursuivre la cuisson 2 minutes. Réserver.

4 À la pâte, ajouter le reste de la farine, le sel et la moitié de l'huile. Bien mélanger ; ajouter de l'eau, si nécessaire. Renverser sur une surface de travail farinée et pétrir 10 minutes.

5 Mettre la pâte dans un bol huilé. Couvrir d'une pellicule plastique et laisser lever dans un endroit chaud pendant 2 heures.

6 Abaisser la pâte en un triangle d'environ 30 cm sur 40 cm (12 po sur 16 po). La glisser sur une plaque à biscuits et la garnir du mélange à l'oignon. Arroser du reste de l'huile d'olive. Faire cuire au four préchauffé à 230 °C (450 °F), 14 à 18 minutes. Servir chaud.

Pizza quatre saisons
1 pizza de 35 cm (14 po)

4	tranches de prosciutto	4
60 ml	huile d'olive	4 c. à s.
12	champignons frais, nettoyés et tranchés	12
175 ml	sauce épaisse pour pizza (voir p. 42)	¾ tasse
1	abaisse de pâte à pizza	1
8	tranches de mozzarella	8
12	olives noires dénoyautées, tranchées	12
4	cœurs d'artichauts, marinés dans l'huile, égouttés et coupés en quatre	4
	poivre fraîchement moulu	

Préchauffer le four à 260 °C (500 °F).

1 Trancher le prosciutto en lanières de 1 cm (½ po) de large ; réserver.

2 Faire chauffer 45 ml (3 c. à s.) d'huile dans une poêle, à feu moyen. Ajouter les champignons, assaisonner et faire cuire 3 minutes. Réserver.

3 Étaler la sauce à pizza sur la pâte à pizza. Couvrir de tranches de mozzarella.

4 Disposer séparément, sur chaque quart de pizza, les olives, les cœurs d'artichauts, le prosciutto et les champignons.

5 Poivrer et arroser d'huile.

6 Faire cuire au four, 10 à 12 minutes.

Pizza au prosciutto, à la tomate et au fromage
1 pizza de 35 cm (14 po)

175 ml	sauce tomate de base (voir p. 35)	¾ tasse
1	abaisse de pâte à pizza	1
90 g	prosciutto, coupé en lanières	3 oz
250 ml	mozzarella, coupée en dés	1 tasse
6	feuilles de basilic frais	6
2	gousses d'ail, épluchées et émincées	2
30 ml	parmesan râpé	2 c. à s.
	poivre fraîchement moulu	
	quelques gouttes d'huile d'olive	

Préchauffer le four à 260 °C (500 °F).

1 Étaler la sauce tomate sur la pâte à pizza. Ajouter le prosciutto, la mozzarella et les feuilles de basilic.

2 Parsemer d'ail, puis de parmesan. Poivrer généreusement et arroser de quelques gouttes d'huile d'olive.

3 Faire cuire au four, 10 à 12 minutes.

Calzone au bœuf haché

1 pizza de 45 cm (18 po)

45 ml	huile d'olive	3 c. à s.
2	oignons, épluchés et tranchés	2
2	gousses d'ail, épluchées, écrasées et hachées	2
1	poivron jaune, tranché	1
3	filets d'anchois, égouttés et hachés	3
250 g	bœuf haché maigre	½ lb
1	abaisse de pâte à pizza*	1
150 g	caciocavallo, coupé en dés	⅓ lb
1	pincée de piments forts écrasés	1
	sel et poivre	

Préchauffer le four à 230 °C (450 °F).

1 Faire chauffer 30 ml (2 c. à s.) d'huile dans une poêle, à feu moyen. Ajouter les oignons, l'ail et le poivron jaune. Assaisonner et faire cuire 8 minutes.

2 Ajouter les anchois et le bœuf haché ; assaisonner et poursuivre la cuisson 4 minutes. Incorporer les piments forts.

3 Badigeonner d'huile une abaisse de pâte à pizza* de 45 cm (18 po). Étaler la garniture sur une moitié de la pizza. Ajouter le fromage et replier la pâte par-dessus la garniture. Pincer les bords pour sceller.

4 Disposer le calzone sur une plaque à biscuits. Badigeonner d'huile le dessus de la pâte. Faire cuire au four, 20 minutes.

Calzone aux épinards et au fromage
1 pizza de 45 cm (18 po)

750 g	épinards frais, lavés et parés	1 ½ lb
45 ml	beurre	3 c. à s.
2	gousses d'ail, épluchées, écrasées et hachées	2
60 g	anchois hachés	2 oz
125 g	ricotta	¼ lb
15 ml	huile d'olive	1 c. à s.
1	abaisse de pâte à pizza*	1
90 g	gruyère râpé	3 oz
	sel et poivre	

Préchauffer le four à 230 °C (450 °F).

1 Faire cuire les épinards à la vapeur pendant 3 minutes. Bien égoutter et hacher.

2 Faire chauffer le beurre dans une poêle, à feu moyen. Ajouter les épinards et l'ail ; faire cuire 3 minutes.

3 Mettre la garniture dans un bol. Ajouter les anchois et la ricotta ; bien mélanger. Saler et poivrer.

4 Badigeonner d'huile une abaisse de pâte à pizza* de 45 cm (18 po). Étaler la garniture aux épinards sur une moitié de l'abaisse. Recouvrir de gruyère et poivrer. Replier la pâte sur la garniture. Pincer les bords pour sceller.

5 Disposer le calzone sur une plaque à biscuits huilée. Badigeonner d'huile le dessus de la pâte. Faire cuire au four, 20 minutes.

Pizza au pecorino et au pesto
1 pizza de 35 cm (14 po)

125 ml	pesto (voir p. 37)	½ tasse
1	abaisse de pâte à pizza	1
250 ml	mozzarella râpée	1 tasse
2	grosses tomates, évidées	2
2	gousses d'ail, épluchées et tranchées	2
1	piment fort, épépiné et haché finement	1
4	feuilles de basilic frais	4
125 ml	pecorino râpé	½ tasse
	sel et poivre	

Préchauffer le four à 260 °C (500 °F).

1 Étaler le pesto sur l'abaisse de pâte à pizza. Couvrir de mozzarella râpée.

2 Couper les tomates en tranches d'environ 1 cm (½ po) d'épaisseur et les disposer sur la pizza. Bien assaisonner et ajouter l'ail, le piment fort et les feuilles de laurier.

3 Garnir de pecorino.

4 Faire cuire au four, 10 à 12 minutes.

Pizza tex-mex
1 pizza de 35 cm (14 po)

2	**poivrons jaunes**	2
150 ml	**mozzarella râpée**	⅔ **tasse**
1	**abaisse de pâte à pizza**	1
2	**tomates, coupées en tranches de 8 mm** **(⅓ po) d'épaisseur**	2
1	**piment jalapeño, épépiné et haché finement**	1
1	**gousse d'ail, épluchée, écrasée** **et hachée finement**	1
15 ml	**basilic frais haché**	1 c. à s.
125 ml	**pecorino sardo râpé**	½ **tasse**
	poivre fraîchement moulu	

Préchauffer le four à 260 °C (500 °F).

1 Couper les poivrons en deux et les épépiner. Badigeonner la peau d'huile et mettre sur une plaque à biscuits, le côté coupé vers le bas ; faire griller au four, 6 minutes. Sortir du four et laisser refroidir. Peler, émincer et réserver.

2 Parsemer la pâte à pizza de mozzarella ; garnir de tranches de tomates.

3 Ajouter les poivrons jaunes et le piment jalapeño. Ajouter l'ail et le basilic. Couvrir de pecorino sardo et bien poivrer.

4 Faire cuire au four, 10 à 12 minutes.

Pizza aux crevettes et au pesto

1 pizza de 35 cm (14 po)

45 ml	huile d'olive	3 c. à s.
½	courgette, tranchée	½
250 g	crevettes, décortiquées et déveinées	½ lb
6	cœurs d'artichauts, marinés dans l'huile, égouttés et coupés en deux	6
125 ml	pesto (voir p. 37)	½ tasse
1	abaisse de pâte à pizza	1
1	tomate, tranchée	1
300 ml	mozzarella râpée	1 ¼ tasse
	sel et poivre fraîchement moulu	

Préchauffer le four à 260 °C (500 °F).

1 Faire chauffer l'huile dans une poêle, à feu moyen. Ajouter la courgette et faire cuire 2 minutes, à feu vif.

2 Ajouter les crevettes et les cœurs d'artichauts ; bien assaisonner. Poursuivre la cuisson 2 minutes à feu vif ; réserver.

3 Étaler le pesto sur l'abaisse de pâte à pizza. Garnir de tranches de tomate et couvrir de mozzarella.

4 Faire cuire au four, 10 à 12 minutes.

5 Environ 2 minutes avant la fin de la cuisson, garnir la pizza de crevettes et du mélange aux légumes et bien poivrer. Terminer la cuisson.

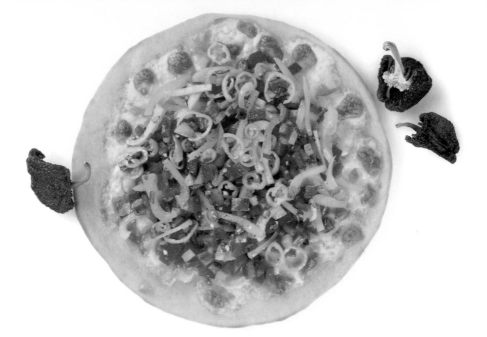

Pizza aux piments doux et au caciocavallo
1 pizza de 35 cm (14 po)

3	poivrons rouges	3
2	poivrons jaunes	2
1	piment doux allongé	1
60 ml	huile d'olive	4 c. à s.
3	gousses d'ail, épluchées, écrasées et hachées	3
1	piment fort, épépiné et haché finement	1
30 ml	basilic frais haché	2 c. à s.
1	feuille de laurier	1
1	abaisse de pâte à pizza	1
250 g	caciocavallo, coupé en dés	½ lb
	poivre fraîchement moulu	
	quelques gouttes d'huile d'olive extra vierge	

1 Couper les poivrons et le piment doux en deux, et épépiner. Badigeonner la peau d'huile et mettre sur une plaque à biscuits, le côté coupé vers le bas ; faire griller au four, 18 minutes. Retourner une fois pendant la cuisson. Sortir du four et mettre dans un grand bol. Couvrir le bol d'une pellicule plastique. Laisser suer les poivrons et le piment 3 minutes. Peler et jeter la peau, puis trancher.

2 Mettre les poivrons et le piment doux dans un autre bol. Ajouter l'huile, l'ail, le piment fort, le basilic et la feuille de laurier. Poivrer et laisser mariner 2 heures.

3 Préchauffer le four à 260 °C (500 °F).

4 Badigeonner la pâte à pizza d'huile d'olive. Ajouter le fromage et couvrir des poivrons et du piment marinés.

5 Faire cuire au four, 10 à 12 minutes.

Pizza au poivron, à l'oignon et à la viande

1 pizza de 35 cm (14 po)

45 ml	huile d'olive	3 c. à s.
1/2	oignon rouge, épluché et haché	1/2
2	gousses d'ail, épluchées, écrasées et hachées	2
1/2	poivron rouge, émincé	1/2
3	saucisses italiennes, la chair seulement	3
175 ml	sauce épaisse pour pizza (voir p. 42)	3/4 tasse
1	abaisse de pâte à pizza	1
15 ml	basilic frais haché	1 c. à s.
5 ml	origan	1 c. à t.
250 ml	mozzarella râpée	1 tasse
	sel et poivre	
	quelques gouttes d'huile d'olive extra vierge	

Préchauffer le four à 260 °C (500 °F).

1 Faire chauffer l'huile dans une poêle, à feu moyen. Ajouter l'oignon, l'ail et le poivron rouge. Faire cuire 3 minutes.

2 Ajouter la chair à saucisse et poursuivre la cuisson 4 minutes.

3 Étaler la sauce sur la pâte à pizza. Couvrir du mélange aux saucisses et parsemer d'assaisonnements. Garnir de fromage.

4 Faire cuire au four, 10 à 12 minutes. Arroser d'huile d'olive juste avant de servir.

Pizza à la mexicaine au monterey jack

1 pizza de 35 cm (14 po)

60 ml	huile d'olive	4 c. à s.
1/2	oignon haché	1/2
2	oignons verts, hachés	2
2	gousses d'ail, épluchées, écrasées et hachées	2
1	tomate, pelée, épépinée et coupée en dés	1
1 ml	piments forts écrasés	1/4 c. à t.
175 ml	sauce épicée de style gaspacho (voir p. 39)	3/4 tasse
1	abaisse de pâte à pizza	1
250 ml	monterey jack râpé	1 tasse
175 ml	parmesan râpé	3/4 tasse
	sel et poivre	

Préchauffer le four à 260 °C (500 °F).

1 Faire chauffer la moitié de l'huile dans une poêle, à feu moyen. Ajouter les oignons, l'ail, la tomate et les piments forts. Bien assaisonner et faire cuire 6 minutes.

2 Étaler la sauce épicée sur la pâte à pizza. Couvrir du mélange aux oignons et des fromages. Arroser du reste de l'huile d'olive et bien assaisonner.

3 Faire cuire au four, 10 à 12 minutes.

Pizza à la sauce tomate épicée et au fromage
1 pizza de 35 cm (14 po)

1	petite aubergine	1
60 ml	huile d'olive	4 c. à s.
125 ml	sauce ratatouille (voir p. 41)	½ tasse
1	abaisse de pâte à pizza	1
1	piment fort séché, écrasé	1
50 ml	sauce épaisse pour pizza (voir p. 42)	¼ tasse
2	gousses d'ail, épluchées et tranchées	2
300 ml	mozzarella râpée	1 ¼ tasse
	gros sel	
	poivre fraîchement moulu	
	quelques gouttes d'huile d'olive extra vierge	

Préchauffer le four à 260 °C (500 °F).

1 Couper l'aubergine en 10 tranches d'environ 5 mm (¼ po) d'épaisseur. Étaler les tranches sur du papier absorbant et les saupoudrer de gros sel. Laisser dégorger 30 minutes. Égoutter et assécher.

2 Faire chauffer l'huile dans une poêle, à feu moyen. Ajouter les tranches d'aubergines et faire cuire 3 minutes de chaque côté. Retirer et réserver.

3 Étaler la sauce ratatouille sur la pâte à pizza. Mélanger le piment fort séché avec la sauce à pizza et étaler le mélange sur la sauce ratatouille.

4 Parsemer d'ail et couvrir de fromage. Garnir des tranches d'aubergine et bien poivrer. Arroser de quelques gouttes d'huile d'olive.

5 Faire cuire au four, 10 à 12 minutes.

Pizza à la tomate et à l'aubergine
1 pizza de 35 cm (14 po)

60 ml	huile d'olive	4 c. à s.
1	petite aubergine, coupée en tranches de 5 mm (¼ po) d'épaisseur	1
1	gros oignon, épluché et haché finement	1
175 ml	sauce tomate de base (voir p. 35)	¾ tasse
1	abaisse de pâte à pizza	1
12	tranches de fontina	12
125 ml	tomates séchées	½ tasse
	poivre fraîchement moulu	

Préchauffer le four à 260 °C (500 °F).

1 Faire chauffer 45 ml (3 c. à s.) d'huile dans une poêle, à feu vif. Ajouter les tranches d'aubergine et faire cuire 3 minutes de chaque côté. Lorsqu'elles sont cuites, les retirer de la poêle et réserver.

2 Ajouter le reste de l'huile dans la poêle chaude. Ajouter l'oignon et baisser le feu à moyen ; faire cuire 6 minutes.

3 Étaler la sauce tomate sur la pâte à pizza. Garnir des tranches d'aubergine et de l'oignon. Poivrer, couvrir des tranches de fromage et de tomates séchées.

4 Faire cuire au four, 10 à 12 minutes.

Calzone à la ricotta
1 pizza de 35 cm (14 po)

75 ml	sauce épaisse pour pizza (voir p. 42)	5 c. à s.
1	abaisse de pâte à pizza	1
250 g	ricotta	½ lb
90 g	mortadelle, tranchée finement	3 oz
2	œufs durs, tranchés	2
	quelques gouttes d'huile d'olive	

Préchauffer le four à 230 °C (450 °F).

1 Étaler la sauce sur la pâte à pizza, jusqu'à 1 cm (½ po) du bord.

2 Garnir de fromage, de mortadelle et d'œufs durs. Arroser de quelques gouttes d'huile d'olive.

3 Mouiller le bord de la pâte d'eau froide. Replier délicatement la pâte sur elle-même pour former un chausson. Appuyer sur les bords pour sceller.

4 Faire cuire au four, 20 minutes.

Pizza au jambon, à la mortadelle et au chutney
1 pizza de 35 cm (14 po)

30 ml	huile d'olive	2 c. à s.
175 ml	jambon cuit, coupé en lanières	¾ tasse
175 ml	mortadelle, coupée en lanières	¾ tasse
90 ml	chutney	6 c. à s.
250 ml	sauce ratatouille (voir p. 41)	1 tasse
1	abaisse de pâte à pizza	1
10	tranches de scamorze	10
125 ml	olives Kalamata dénoyautées, hachées	½ tasse
	poivre fraîchement moulu	
	quelques gouttes d'huile d'olive extra vierge	

Préchauffer le four à 260 °C (500 °F).

1 Faire chauffer l'huile dans une poêle, à feu moyen. Ajouter le jambon et la mortadelle ; faire cuire 2 minutes. Incorporer le chutney et faire cuire 1 minute. Réserver.

2 Étaler la sauce ratatouille sur la pâte à pizza. Ajouter le mélange au jambon et couvrir des tranches de fromage. Poivrer.

3 Garnir des olives tranchées et arroser de quelques gouttes d'huile d'olive.

4 Faire cuire au four, 10 à 12 minutes.

Pizza aux asperges et au scamorze
1 pizza de 35 cm (14 po)

2	bottes d'asperges	2
30 ml	beurre	2 c. à s.
1	poivron jaune, haché	1
250 ml	sauce blanche, chaude (voir p. 38)	1 tasse
1	abaisse de pâte à pizza	1
175 ml	scamorze râpé	¾ tasse
125 ml	olives noires dénoyautées et tranchées	½ tasse
175 ml	gruyère râpé	¾ tasse
	sel et poivre	
	poivre de Cayenne au goût	

Préchauffer le four à 260 °C (500 °F).

1 Parer les asperges, si nécessaire, et couper l'extrémité des tiges. Les tremper brièvement dans de l'eau froide, puis les couper en morceaux de 2,5 cm (1 po). Faire cuire à la vapeur jusqu'à ce qu'ils soient tendres.

2 Faire chauffer le beurre dans une poêle, à feu moyen. Ajouter les asperges et le poivron haché. Faire cuire 3 minutes.

3 Étaler la sauce blanche sur la pâte à pizza. Ajouter le scamorze et couvrir des légumes chauds ; bien assaisonner. Ajouter les olives et couvrir du gruyère. Assaisonner de poivre noir et de poivre de Cayenne, au goût.

4 Faire cuire au four, 10 à 12 minutes.

Pizza hawaïenne
1 pizza de 35 cm (14 po)

175 ml	sauce tomate de base (voir p. 35)	¾ tasse
1	abaisse de pâte à pizza	1
250 ml	champignons cuits tranchés	1 tasse
500 ml	chair de homard cuite, coupée en dés	2 tasses
300 ml	mozzarella râpée	1 ¼ tasse
250 ml	ananas en dés	1 tasse
	sel et poivre	
	paprika au goût	

Préchauffer le four à 260 °C (500 °F).

1 Étaler la sauce tomate sur la pâte à pizza. Couvrir des champignons, de la chair de homard, puis du fromage. Saler et poivrer.

2 Garnir des dés d'ananas. Assaisonner de paprika, au goût.

3 Faire cuire au four, 10 à 12 minutes.

Pizza au fromage
1 pizza de 35 cm (14 po)

125 ml	sauce au pesto (voir p. 37)	½ tasse
1	abaisse de pâte à pizza	1
2	grosses tomates, évidées	2
2	gousses d'ail, épluchées et émincées	2
250 g	Bel Paese coupé en dés	½ lb
	poivre fraîchement moulu	
	huile d'olive extra vierge	

Préchauffer le four à 260 °C (500 °F).

1 Étaler la sauce au pesto sur la pâte à pizza. Couper les tomates en tranches d'environ 5 mm (¼ po) d'épaisseur et les disposer sur la sauce au pesto.

2 Parsemer d'ail et poivrer. Garnir de dés de fromage et arroser de quelques gouttes d'huile d'olive extra vierge.

3 Faire cuire au four, 10 à 12 minutes.

Pizza à la rouille
1 pizza de 35 cm (14 po)

1 ½	poivron vert	1 ½
1	abaisse de pâte à pizza	1
125 ml	sauce à la rouille (voir p. 40)	½ tasse
175 ml	pecorino râpé	¾ tasse
175 ml	tomates fraîches sautées (voir p. 36)	¾ tasse
15 ml	huile d'olive	1 c. à s.
	poivre fraîchement moulu	

Préchauffer le four à 260 °C (500 °F).

1 Couper le poivron en deux et épépiner. Badigeonner la peau d'huile et mettre sur une plaque à biscuits, le côté coupé vers le bas ; faire griller au four, 6 minutes. Sortir du four et laisser refroidir. Peler, trancher et réserver.

2 Couvrir la pâte à pizza d'une mince couche de sauce à la rouille.

3 Garnir de fromage, de poivron tranché et de tomates fraîches sautées.

4 Arroser d'huile d'olive et poivrer.

5 Faire cuire au four, 10 à 12 minutes.

Pizza aux palourdes
1 pizza de 35 cm (14 po)

15 ml	huile d'olive	1 c. à s.
1	abaisse de pâte à pizza	1
2	gousses d'ail, épluchées et émincées	2
175 ml	sauce tomate de base (voir p. 35)	¾ tasse
10	tranches de provolone	10
175 ml	palourdes en conserve, égouttées	¾ tasse
45 ml	parmesan râpé	3 c. à s.
	poivre fraîchement moulu	

Préchauffer le four à 260 °C (500 °F).

1 Badigeonner la pâte à pizza d'huile d'olive et parsemer d'ail. Étaler la sauce tomate et couvrir de provolone. Bien poivrer.

2 Faire cuire au four, 10 à 12 minutes.

3 Environ 4 minutes avant la fin de la cuisson, ajouter les palourdes et le parmesan. Terminer la cuisson.

Pizza aux pleurotes
1 pizza de 35 cm (14 po)

45 ml	huile d'olive	3 c. à s.
1	gros oignon rouge, épluché et coupé en rondelles	1
4	grosses tomates pelées, épépinées et grossièrement hachées	4
30 ml	beurre	2 c. à s.
8	pleurotes frais, coupés en tranches épaisses	8
1	abaisse de pâte à pizza	1
250 ml	monterey jack râpé	1 tasse
125 ml	poulet cuit, coupé en dés	½ tasse
	sel et poivre	

Préchauffer le four à 260 °C (500 °F).

1 Faire chauffer l'huile dans une poêle, à feu moyen. Ajouter l'oignon et faire cuire 8 minutes. Ajouter les tomates, assaisonner et poursuivre la cuisson 15 minutes.

2 Faire chauffer le beurre dans une petite poêle, à feu moyen. Ajouter les pleurotes et faire revenir 2 à 3 minutes.

3 Étaler le mélange aux tomates sur la pâte à pizza. Ajouter les champignons et garnir de fromage. Poivrer.

4 Faire cuire au four, 10 à 12 minutes.

5 Environ 4 minutes avant la fin de la cuisson, ajouter le poulet cuit et terminer la cuisson.

Pizza aux oignons et au gorgonzola
1 pizza de 35 cm (14 po)
(ou 4 pizzas individuelles)

50 ml	huile d'olive	¼ tasse
2	gros oignons, épluchés et émincés	2
1	abaisse de pâte à pizza	1
125 ml	pignons	½ tasse
350 g	gorgonzola émietté	¾ lb
12	feuilles de basilic frais	12
	sel et poivre fraîchement moulu	

Préchauffer le four à 260 °C (500 °F).

1 Faire chauffer 45 ml (3 c. à s.) d'huile dans une poêle, à feu moyen. Ajouter les oignons, assaisonner et faire cuire 15 minutes. Baisser le feu si les oignons brunissent trop rapidement.

2 Couvrir l'abaisse d'oignons cuits. Ajouter les pignons et couvrir de fromage. Garnir des feuilles de basilic et arroser du reste d'huile d'olive. Poivrer.

3 Faire cuire au four, 10 à 12 minutes.

Pizza aux poireaux et au fenouil
1 pizza de 35 cm (14 po)

2	petits blancs de poireaux	2
1	petit bulbe de fenouil	1
45 ml	huile d'olive	3 c. à s.
1	échalote sèche, épluchée et hachée	1
1	abaisse de pâte à pizza	1
125 ml	rouille pour pizza (voir p. 40)	1/2 tasse
300 ml	fontina râpé	1 1/4 tasse
125 ml	olives vertes dénoyautées et tranchées	1/2 tasse
60 ml	parmesan râpé	4 c. à s.
	sel et poivre	

Préchauffer le four à 260 °C (500 °F).

1 Fendre les poireaux en quatre, jusqu'à 2,5 cm (1 po) de la base. Bien les laver sous l'eau froide. Égoutter et émincer.

2 Éplucher le bulbe de fenouil et l'émincer. Faire chauffer l'huile dans une poêle, à feu moyen. Ajouter le fenouil, les poireaux et l'échalote sèche. Assaisonner, couvrir et faire cuire 18 minutes, à feu doux. Remuer de temps à autre pour éviter que le mélange ne colle.

3 Couvrir la pâte à pizza de rouille. Ajouter le fenouil et les poireaux cuits.

4 Couvrir de fromage fontina. Garnir des olives et du parmesan. Bien poivrer.

5 Faire cuire au four, 10 à 12 minutes.

Pizza au poulet sauté et au fontina
1 pizza de 35 cm (14 po)

45 ml	huile d'olive	3 c. à s.
1	poitrine de poulet entière, désossée et émincée	1
2	échalotes sèches, épluchées et hachées	2
2	oignons verts, hachés	2
15 ml	basilic frais haché	1 c. à s.
5 ml	herbes de Provence	1 c. à t.
50 ml	pignons	¼ tasse
175 ml	sauce épaisse pour pizza (voir p. 42)	¾ tasse
1	abaisse de pâte à pizza	1
250 ml	fontina en dés	1 tasse
	sel et poivre	

Préchauffer le four à 260 °C (500 °F).

1 Faire chauffer l'huile dans une poêle, à feu moyen. Ajouter les lanières de poulet, assaisonner et faire cuire 2 minutes de chaque côté. Ajouter les échalotes sèches, les oignons verts, les assaisonnements et les pignons. Poursuivre la cuisson 1 minute, puis réserver.

2 Étaler la sauce sur la pâte à pizza. Ajouter le mélange au poulet et couvrir de fromage. Bien poivrer.

3 Faire cuire au four, 10 à 12 minutes.

Pizza à l'ail et à l'aubergine japonaise
1 pizza de 35 cm (14 po)

60 ml	huile d'olive	4 c. à s.
1	tête d'ail, séparée en gousses	1
1	aubergine japonaise (miniature)	1
175 ml	sauce épaisse pour pizza	¾ tasse
1	abaisse de pâte à pizza	1
375 ml	fontina râpé	1 ½ tasse
45 ml	basilic frais haché	3 c. à s.
	poivre fraîchement moulu	
	quelques gouttes d'huile d'olive extra vierge	

Préchauffer le four à 200 °C (400 °F).

1 Faire chauffer 45 ml (3 c. à s.) d'huile d'olive dans une poêle, à feu moyen. Ajouter les gousses d'ail, sans les éplucher, et faire cuire 15 minutes. Baisser le feu si nécessaire pour éviter qu'elles ne brûlent. Retirer, laisser refroidir et éplucher.

2 Monter la température du four à 260 °C (500 °F).

3 Entre-temps, couper l'aubergine en tranches d'environ 5 mm (¼ po) d'épaisseur. Badigeonner les deux côtés des tranches avec 15 ml (1 c. à s.) d'huile. Faire cuire au four 12 minutes, en retournant 1 fois pendant la cuisson.

4 Étaler la sauce sur la pâte à pizza. Couvrir de fromage, puis des tranches d'aubergine et des gousses d'ail.

5 Poivrer. Parsemer de basilic et arroser de quelques gouttes d'huile d'olive.

6 Faire cuire au four, 10 à 12 minutes.

Pizza aux artichauts et à la sauce à l'aubergine
1 pizza de 35 cm (14 po)

45 ml	huile d'olive	3 c. à s.
3	oignons, épluchés et émincés	3
250 ml	sauce ratatouille (voir p. 41)	1 tasse
1	abaisse de pâte à pizza	1
8	cœurs d'artichauts, marinés dans l'huile, égouttés et coupés en quartiers	8
15 ml	basilic frais haché	1 c. à s.
45 ml	parmesan râpé	3 c. à s.
375 ml	fontina râpé	1 ½ tasse
	poivre fraîchement moulu	

Préchauffer le four à 260 °C (500 °F).

1 Faire chauffer l'huile dans une poêle, à feu moyen. Ajouter les oignons et faire cuire 15 minutes, à feu doux. Ne pas laisser brûler les oignons.

2 Étaler la ratatouille sur la pâte à pizza. Ajouter les oignons, les cœurs d'artichauts et le basilic.

3 Couvrir des fromages râpés et bien poivrer.

4 Faire cuire au four, 10 à 12 minutes.

Pizza cajun au poulet

1 pizza de 35 cm (14 po)

45 ml	beurre	3 c. à s.
1/2	petit oignon, épluché et haché	1/2
1/2	branche de céleri, coupée en dés	1/2
1	poivron, tranché	1
1	poitrine de poulet entière, sans la peau et désossée	1
2 ml	origan	1/2 c. à t.
175 ml	sauce tomate de base (voir p. 35)	3/4 tasse
1	abaisse de pâte à pizza	1
15 ml	basilic frais haché	1 c. à s.
300 ml	mozzarella fumée râpée	1 1/4 tasse
1	pincée de poivre de Cayenne	1
1	pincée de thym	1
	sel et poivre blanc	

Préchauffer le four à 260 °C (500 °F).

1 Faire chauffer le beurre dans une poêle, à feu moyen. Ajouter l'oignon, le céleri et le poivron ; faire cuire 2 minutes.

2 Couper la poitrine de poulet en deux. Ajouter aux légumes à la poêle et faire cuire 2 minutes de chaque côté. Ajouter l'origan, le poivre de Cayenne, le thym, le sel et le poivre. Bien mélanger, couvrir et faire cuire 10 à 12 minutes, à feu doux. Réserver.

3 Étaler la sauce tomate sur la pâte à pizza. Ajouter le basilic haché et le fromage râpé. Enfourner la pizza et la faire cuire 8 minutes.

4 Sortir la pizza du four. Trancher les demi-poitrines de poulet et les disposer sur la pizza. Garnir des légumes et poursuivre la cuisson 3 à 4 minutes.

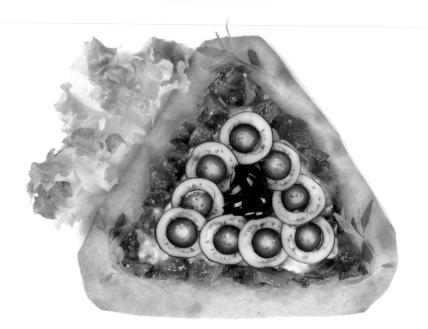

Pizza à la grecque
1 pizza de 35 cm (14 po)

1	**aubergine moyenne**	1
50 ml	**huile d'olive**	**¼ tasse**
1	**abaisse de pâte à pizza**	1
250 ml	**tomates fraîches sautées (voir p. 36)**	**1 tasse**
125 ml	**feta, émiettée**	**½ tasse**
50 ml	**olives noires dénoyautées et tranchées**	**¼ tasse**
	poivre fraîchement moulu	

Préchauffer le four à 260 °C (500 °F).

1 Couper l'aubergine en 12 tranches. Faire chauffer 45 ml (3 c. à s.) d'huile dans une poêle, à feu moyen. Faire revenir les tranches d'aubergine 2 minutes de chaque côté, à feu vif ; réserver.

2 Badigeonner la pâte à pizza avec le reste de l'huile d'olive. Étaler les tomates sautées sur la pâte et ajouter le fromage.

3 Disposer les tranches d'aubergine sur la pizza et garnir des olives tranchées. Poivrer.

4 Faire cuire au four, 10 à 12 minutes.

Pizza à la salsa rouge, avec pepperoni

1 pizza de 35 cm (14 po)

1	gros poivron rouge	1
2	poivrons verts	2
250 ml	vinaigre de vin	1 tasse
45 ml	sucre	3 c. à s.
2	tomates, pelées, épépinées et hachées	2
2	oignons verts, hachés	2
2	gousses d'ail, épluchées, écrasées et hachées	2
1	piment jalapeño, épépiné et haché	1
1	abaisse de pâte à pizza	1
300 ml	mozzarella râpée	1 1/4 tasse
15	tranches de pepperoni	15
125 ml	olives noires dénoyautées et hachées	1/2 tasse
	sel et poivre	
	quelques gouttes d'huile d'olive extra vierge	

Préchauffer le four à 260 °C (500 °F).

1 Couper les poivrons en deux et épépiner. Badigeonner la peau d'huile et mettre sur une plaque à biscuits, le côté coupé vers le bas ; faire griller au four, 8 minutes. Sortir du four et mettre dans un grand bol. Couvrir le bol d'une pellicule plastique et laisser suer les poivrons 3 minutes. Peler et jeter la peau. Couper en dés, mettre dans un bol et réserver.

2 Dans une petite casserole, faire cuire le vinaigre et le sucre jusqu'à ce que le mélange devienne doré. Verser sur les poivrons.

3 Ajouter les tomates, les oignons verts, l'ail et le piment jalapeño ; mélanger et bien assaisonner. Faire mariner 5 minutes.

4 Étaler la salsa sur la pâte à pizza. Ajouter le fromage et le pepperoni. Garnir des olives hachées. Arroser de quelques gouttes d'huile d'olive.

5 Faire cuire au four, 10 à 12 minutes.

Pizza aux légumes frais
1 pizza de 35 cm (14 po)

1	petite botte d'asperges	1
1	petit brocoli	1
45 ml	huile d'olive	3 c. à s.
1	grosse carotte, pelée et émincée	1
2	gousses d'ail, épluchées, écrasées et hachées	2
250 ml	sauce blanche, chaude (voir p. 38)	1 tasse
1	abaisse de pâte à pizza	1
375 ml	gruyère râpé	1 ½ tasse
1	pincée de paprika	1
	sel et poivre	
	quelques gouttes d'huile d'olive extra vierge	

Préchauffer le four à 260 °C (500 °F).

1 Parer les asperges si nécessaire, et couper l'extrémité des tiges. Faire tremper brièvement dans de l'eau froide, puis couper en morceaux de 2,5 cm (1 po). Séparer le brocoli en petits bouquets.

2 Faire chauffer l'huile dans une poêle, à feu moyen. Ajouter les asperges, le brocoli, la carotte et l'ail. Assaisonner, couvrir et faire cuire 6 à 8 minutes, à feu doux.

3 Étaler la sauce blanche sur la pâte à pizza. Ajouter les légumes cuits et couvrir de fromage. Bien assaisonner et saupoudrer de paprika. Arroser de quelques gouttes d'huile d'olive.

4 Faire cuire au four, 10 à 12 minutes.

Pizza aux olives noires et au pecorino
1 pizza de 35 cm (14 po)

45 ml	huile d'olive	3 c. à s.
1	oignon, épluché et haché finement	1
175 ml	sauce tomate de base (voir p. 35)	¾ tasse
1	abaisse de pâte à pizza	1
2	gousses d'ail, épluchées et émincées	2
125 ml	pecorino râpé	½ tasse
75 ml	olives noires dénoyautées, tranchées	⅓ tasse
	poivre fraîchement moulu	

Préchauffer le four à 260 °C (500 °F).

1 Faire chauffer la moitié de l'huile dans une poêle, à feu moyen. Ajouter l'oignon haché et faire cuire 5 minutes, à feu doux.

2 Étaler la sauce tomate sur la pâte à pizza. Garnir de l'oignon cuit et de l'ail.

3 Ajouter le fromage, puis les olives noires. Arroser du reste de l'huile et poivrer.

4 Faire cuire au four, 10 à 12 minutes.

Pizza aux artichauts
1 pizza de 35 cm (14 po)

45 ml	beurre	3 c. à s.
1	échalote sèche, épluchée et hachée	1
10	champignons, nettoyés et tranchés	10
175 ml	sauce épaisse pour pizza (voir p. 42)	¾ tasse
1	abaisse de pâte à pizza	1
150 ml	mozzarella râpée	⅔ tasse
60 g	prosciutto, tranché	2 oz
8	cœurs d'artichauts, marinés dans l'huile	8
50 ml	olives noires dénoyautées, tranchées	¼ tasse
15 ml	huile d'olive	1 c. à s.
15 ml	basilic frais haché	1 c. à s.
	sel et poivre fraîchement moulu	

Préchauffer le four à 260 °C (500 °F).

1 Faire chauffer le beurre dans une poêle, à feu moyen. Ajouter l'échalote sèche et les champignons ; bien assaisonner. Faire cuire 4 minutes.

2 Étaler la sauce à pizza sur la pâte à pizza. Garnir des champignons cuits. Ajouter le fromage et le prosciutto.

3 Égoutter les cœurs d'artichauts, les couper en deux et les disposer sur la pizza avec les olives noires. Arroser d'huile d'olive et parsemer de basilic.

4 Faire cuire au four, 10 à 12 minutes.

Pizza à la provençale

2 pizzas de 35 cm (14 po)

125 ml	huile d'olive	½ tasse
10	oignons, épluchés et hachés finement	10
3	gousses d'ail, épluchées	3
3	brins de persil	3
2 ml	thym	½ c. à t.
2	abaisses de pâte à pizza	2
18	filets d'anchois	18
24	olives noires dénoyautées, coupées en deux	24
	poivre fraîchement moulu	
	parmesan râpé au goût	

Préchauffer le four à 260 °C (500 °F).

1 Faire chauffer l'huile dans une poêle, à feu moyen. Ajouter les oignons, les gousses d'ail entières, le persil et le thym. Poivrer et faire cuire 20 minutes, à feu moyen. Les oignons devraient être dorés et non bruns.

2 À la fin de la cuisson, jeter l'ail et les brins de persil. Étaler les oignons sur les pâtes à pizza.

3 Égoutter les filets d'anchois et les rincer sous l'eau froide. Égoutter de nouveau, assécher avec du papier absorbant et disposer sur les pizzas.

4 Garnir d'olives noires et de parmesan râpé, au goût.

5 Faire cuire au four, 10 à 12 minutes.

Pizza au pesto et aux tomates séchées

1 pizza de 35 cm (14 po)
(ou 4 pizzas individuelles)

30 ml	farine de maïs	2 c. à s.
1	abaisse de pâte à pizza	1
125 ml	sauce au pesto (voir p. 37)	½ tasse
300 ml	mozzarella râpée	1 ¼ tasse
60 ml	tomates séchées hachées	4 c. à s.
50 ml	pignons	¼ tasse
	poivre fraîchement moulu	
	quelques gouttes d'huile d'olive	

Préchauffer le four à 260 °C (500 °F).

1 Saupoudrer de fécule de maïs une assiette à pizza huilée et y disposer la pâte à pizza.

2 Étaler la sauce au pesto sur la pâte à pizza. Ajouter le fromage, les tomates séchées et les pignons. Bien poivrer. Arroser de quelques gouttes d'huile d'olive.

3 Faire cuire au four, 10 à 12 minutes.

Pizzas-muffins
(8 portions)

500 ml	pecorino sardo râpé	2 tasses
250 ml	cheddar fort râpé	1 tasse
375 ml	sauce épaisse pour pizza (voir p. 42)	1 ½ tasse
30 ml	basilic frais haché	2 c. à s.
3	gousses d'ail, épluchées, écrasées et hachées	3
1	piment jalapeño, épépiné et haché	1
8	muffins anglais, coupés en deux	8
	sel et poivre	

Préchauffer le four à 230 °C (450 °F).

1 Mettre tous les ingrédients, sauf les muffins anglais, dans le bol du robot culinaire. Mélanger plusieurs secondes pour obtenir une préparation homogène.

2 Disposer les demi-muffins sur une plaque à biscuits. Garnir chaque moitié du mélange à pizza et faire cuire au four, 10 à 12 minutes.

Pizza à la saucisse

1 pizza de 35 cm (14 po)

45 ml	huile d'olive	3 c. à s.
150 g	saucisse italienne, tranchée	⅓ lb
½	poivron vert, émincé	½
60 g	piments doux rôtis tranchés	2 oz
1	oignon, épluché et émincé	1
1 ml	piments forts écrasés	¼ c. à t.
1	abaisse de pâte à pizza	1
175 ml	sauce épaisse pour pizza (voir p. 42)	¾ tasse
300 ml	mozzarella râpée	1¼ tasse
60 ml	romano râpé	4 c. à s.
	sel et poivre	

Préchauffer le four à 260 °C (500 °F).

1 Faire chauffer 30 ml (2 c. à s.) d'huile dans une poêle, à feu moyen. Ajouter la saucisse, le poivron vert, les piments doux rôtis, l'oignon et les piments forts écrasés. Bien assaisonner et faire cuire 4 minutes.

2 Étaler le mélange à la saucisse sur la pâte à pizza. Couvrir de sauce à pizza, puis des fromages. Bien poivrer et arroser du reste de l'huile.

3 Faire cuire au four, 10 à 12 minutes.

Pizza cocktail
1 pizza de 35 cm (14 po)

2	**pommes**	2
170 g	**brie, froid**	6 oz
1	**abaisse de pâte à pizza**	1
60 g	**bleu, émietté**	2 oz
	quelques gouttes de jus de citron	
	quelques gouttes d'huile d'olive	
	poivre fraîchement moulu	

Préchauffer le four à 260 °C (500 °F).

1 Évider, peler et trancher les pommes. Les mettre dans un bol et les enduire de jus de citron pour empêcher qu'elles ne s'oxydent.

2 Retirer la croûte du brie et la jeter. Couper le fromage en petits morceaux.

3 Disposer les tranches de pommes en cercle sur la pâte à pizza. Couvrir des morceaux de brie et du bleu émietté.

4 Arroser d'huile d'olive et poivrer.

5 Faire cuire au four, au maximum 10 minutes.

Pizza aux tomates et au provolone

1 pizza de 35 cm (14 po)

30 ml	huile d'olive	2 c. à s.
1	abaisse de pâte à pizza	1
2	tomates, évidées, pelées et coupées en tranches épaisses	2
2	gousses d'ail, épluchées et émincées	2
30 ml	basilic frais haché	2 c. à s.
5 ml	origan	1 c. à t.
125 ml	provolone râpé	½ tasse
175 ml	mozzarella râpée	¾ tasse
4	tranches de bacon, cuites, croustillantes et hachées	4
	sel et poivre fraîchement moulu	

Préchauffer le four à 260 °C (500 °F).

1 Badigeonner la pâte à pizza d'huile d'olive.

2 Disposer les tranches de tomates sur la pâte à pizza. Ajouter l'huile, le basilic et l'origan. Bien assaisonner.

3 Ajouter le provolone râpé, poivrer et ajouter la mozzarella.

4 Faire cuire au four, 10 à 12 minutes.

5 Environ 3 minutes avant la fin de la cuisson, ajouter le bacon haché et terminer la cuisson.

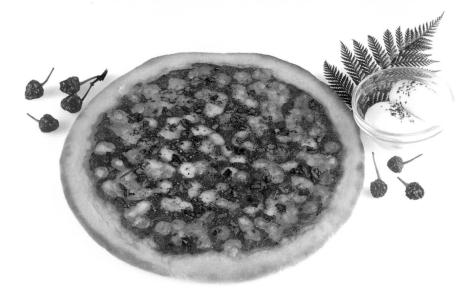

Pizza au bocconcini
1 pizza de 35 cm (14 po)

250 ml	sauce épaisse pour pizza (voir p. 42)	1 tasse
1	abaisse de pâte à pizza	1
175 ml	bocconcini, coupé en dés	¾ tasse
125 ml	feuilles de basilic frais	½ tasse
2 ml	origan	½ c. à t.
45 ml	huile d'olive	3 c. à s.
	poivre fraîchement moulu	

Préchauffer le four à 260 °C (500 °F).

1 Étaler la sauce sur la pâte à pizza.

2 Garnir de fromage, de feuilles de basilic et d'origan. Arroser d'huile d'olive et poivrer généreusement.

3 Faire cuire au four, 10 à 12 minutes.

Pizza à la ratatouille avec pepperoni et champignons
1 pizza de 35 cm (14 po)

1	petit piment fort, épépiné et haché	1
250 ml	sauce ratatouille (voir p. 41)	1 tasse
1	abaisse de pâte à pizza	1
175 ml	mozzarella râpée	¾ tasse
15	tranches de pepperoni	15
6	champignons, nettoyés et tranchés	6
6	feuilles de basilic frais	6
30 ml	huile d'olive	2 c. à s.
	poivre fraîchement moulu	

Préchauffer le four à 260 °C (500 °F).

1 Mélanger le piment fort haché et la sauce ratatouille. Étaler ce mélange sur la pâte à pizza.

2 Ajouter le fromage, le pepperoni, les champignons et les feuilles de basilic. Arroser d'huile d'olive et poivrer.

3 Faire cuire au four, 10 à 12 minutes.

Pizza aux échalotes sèches et aux olives Kalamata

1 pizza de 35 cm (14 po)

60 ml	huile d'olive	4 c. à s.
I kg	échalotes sèches, épluchées	2 lb
15 ml	cassonade	I c. à s.
250 g	champignons, nettoyés et tranchés	1/2 lb
I	abaisse de pâte à pizza	I
125 g	prosciutto, coupé en tranches de I cm (1/2 po) de large	1/4 lb
I	gousse d'ail, épluchée et tranchée	I
300 ml	fontina râpé	1 1/4 tasse
125 ml	olives Kalamata dénoyautées, coupées en deux	1/2 tasse
4	filets d'anchois, égouttés et hachés	4
	sel et poivre	
	huile d'olive extra vierge	

Préchauffer le four à 260 °C (500 °F).

1 Faire chauffer 45 ml (3 c. à s.) d'huile dans une poêle, à feu moyen. Ajouter les échalotes sèches et assaisonner ; faire cuire 30 minutes, à feu doux.

2 Ajouter la cassonade, mélanger et faire cuire 3 minutes. Retirer les échalotes sèches de la poêle et réserver.

3 Verser le reste de l'huile dans la poêle. Y faire cuire les champignons 3 minutes, à feu vif.

4 Disposer les échalotes sèches sur la pâte à pizza. Ajouter les champignons et poivrer. Ajouter le prosciutto et l'ail ; couvrir de fromage.

5 Garnir des olives et des filets d'anchois. Arroser d'huile d'olive extra vierge.

6 Faire cuire au four, 10 à 12 minutes.

Pizza aux crevettes et à la purée de poivrons

1 pizza de 35 cm (14 po)

3	poivrons rouges	3
2	poivrons verts	2
1	poivron jaune	1
6	gousses d'ail, non épluchées	6
50 ml	sauce épaisse pour pizza (voir p. 42)	¼ tasse
1	abaisse de pâte à pizza	1
300 ml	fontina râpé	1 ¼ tasse
250 g	crevettes fraîches, décortiquées et déveinées	½ lb
125 ml	olives noires dénoyautées et tranchées	½ tasse
15 ml	basilic frais haché	1 c. à s.
	poivre fraîchement moulu	
	quelques gouttes d'huile d'olive	

Préchauffer le four à 260 °C (500 °F).

1 Couper les poivrons en deux et épépiner. Badigeonner la peau d'huile et mettre sur une plaque à biscuits, le côté coupé vers le bas ; faire griller au four, 15 à 18 minutes. Retourner 1 fois pendant la cuisson. Sortir du four et mettre dans un grand bol. Couvrir le bol d'une pellicule plastique et laisser suer les poivrons 3 minutes. Peler et jeter la peau.

2 Mettre les gousses d'ail non épluchées dans une casserole, avec 250 ml (1 tasse) d'eau. Porter à ébullition et faire cuire 4 minutes. Retirer les gousses d'ail de l'eau et laisser refroidir. Peler et réduire en purée.

3 Mélanger les poivrons et l'ail au robot culinaire. Ajouter la sauce à pizza, assaisonner et mélanger pour incorporer.

4 Étaler le mélange aux poivrons sur la pâte à pizza. Couvrir de fromage et faire cuire au four, 6 minutes.

5 Couper les crevettes en deux et les disposer sur la pizza. Ajouter les olives et le basilic ; bien poivrer. Poursuivre la cuisson 4 à 6 minutes.

6 Arroser de quelques gouttes d'huile d'olive avant de servir.

Pizza à la crème
1 pizza de 35 cm (14 po)

45 ml	huile d'olive	3 c. à s.
350 g	champignons, nettoyés et tranchés	¾ lb
2	échalotes sèches, épluchées et hachées	2
250 ml	sauce blanche, chaude (voir p. 38)	1 tasse
1	abaisse de pâte à pizza	1
300 ml	mozzarella râpée	1 ¼ tasse
3	tranches de bacon cuites, croustillantes et hachées	3
	sel et poivre	
	paprika au goût	

Préchauffer le four à 260 °C (500 °F).

1 Faire chauffer l'huile dans une poêle, à feu moyen. Ajouter les champignons et les échalotes sèches. Assaisonner et faire cuire 5 minutes, à feu vif. Retirer de la poêle et réserver.

2 Étaler la sauce blanche sur la pâte à pizza. Couvrir des champignons et du fromage. Poivrer généreusement et saupoudrer de paprika au goût.

3 Faire cuire au four, 10 a 12 minutes.

4 Environ 2 minutes avant la fin de la cuisson, ajouter le bacon haché et terminer la cuisson.

Pizza aux tomates et aux olives

1 pizza de 35 cm (14 po)

15	filets d'anchois, égouttés	15
45 ml	lait	3 c. à s.
30 ml	huile d'olive	2 c. à s.
3	tomates pelées, épépinées et hachées	3
2	gousses d'ail, épluchées, écrasées et hachées	2
15 ml	basilic frais haché	1 c. à s.
1 ml	thym	1/4 c. à t.
1 ml	origan	1/4 c. à t.
1	abaisse de pâte à pizza	1
375 ml	mozzarella râpée	1 1/2 tasse
50 ml	olives vertes dénoyautées et tranchées	1/4 tasse
50 ml	olives noires dénoyautées et tranchées	1/4 tasse
	poivre fraîchement moulu	

Préchauffer le four à 260 °C (500 °F).

1 Faire tremper les filets d'anchois dans le lait pendant 3 minutes. Retirer du lait et réserver sur du papier absorbant.

2 Faire chauffer l'huile dans une poêle, à feu moyen. Ajouter les tomates, l'ail et les assaisonnements. Faire cuire 8 minutes.

3 Étaler le mélange aux tomates chaud sur la pâte à pizza. Couvrir de fromage et ajouter les olives vertes.

4 Disposer les filets d'anchois en treillis et garnir d'olives noires. Poivrer.

5 Faire cuire au four, 10 à 12 minutes.

Pizza aux poireaux et au jambon
1 pizza de 35 cm (14 po)

4	blancs de poireaux	4
45 ml	huile d'olive	3 c. à s.
15 ml	fines herbes mélangées (persil, origan, marjolaine)	1 c. à s.
1	abaisse de pâte à pizza	1
90 g	jambon cuit, coupé en julienne	3 oz
60 g	prosciutto, coupé en tranches de 1 cm ($1/2$ po) de large	2 oz
45 ml	parmesan râpé	3 c. à s.
125 ml	mozzarella coupée en dés	$1/2$ tasse
	jus de $1/2$ citron	
	sel et poivre	

Préchauffer le four à 260 °C (500 °F).

1 Fendre les poireaux en quatre, jusqu'à 2,5 cm (1 po) de la base. Bien les laver sous l'eau froide.

2 Mettre les poireaux dans de l'eau bouillante salée. Ajouter le jus de citron et faire cuire 15 minutes, à feu moyen.

3 Retirer les poireaux de l'eau, égoutter et réserver. Lorsqu'ils sont suffisamment refroidis pour être manipulés, les presser pour en exprimer tout le liquide, puis trancher.

4 Faire chauffer 30 ml (2 c. à s.) d'huile d'olive dans une poêle, à feu moyen. Ajouter les poireaux et les fines herbes ; faire cuire 3 minutes.

5 Disposer les poireaux sur la pâte à pizza. Ajouter le jambon et le prosciutto ; garnir des fromages. Bien poivrer et arroser du reste de l'huile d'olive.

6 Faire cuire au four, 10 à 12 minutes.

Pizza à la pâte filo
(6 à 8 portions)

150 ml	beurre fondu	2/3 tasse
14	feuilles de pâte filo de 30 cm sur 40 cm (12 po sur 16 po)	14
175 ml	parmesan râpé	3/4 tasse
45 ml	huile d'olive	3 c. à s.
2	oignons, épluchés et émincés	2
2	gousses d'ail, épluchées, écrasées et hachées	2
30 ml	basilic frais haché	2 c. à s.
300 ml	mozzarella râpée	1 1/4 tasse
4	grosses tomates, évidées et coupées en tranches de 5 mm (1/4 po) d'épaisseur	4
	sel et poivre	

Préchauffer le four à 190 °C (375 °F).

1 Badigeonner de beurre fondu un grand plat allant au four. Couvrir le fond d'une feuille de pâte filo et parsemer de parmesan. Ajouter une autre feuille de pâte, badigeonner de beurre fondu et parsemer de parmesan. Répéter ces couches avec le reste des feuilles de pâte filo.

2 Faire chauffer 30 ml (2 c. à s.) d'huile d'olive dans une poêle, à feu moyen. Ajouter les oignons, l'ail et le basilic. Bien assaisonner et faire cuire 4 minutes. À l'aide d'une cuillère, déposer le mélange sur la pâte.

3 Couvrir de mozzarella, puis des tranches de tomates. Parsemer du reste du parmesan. Arroser du reste de l'huile d'olive ; poivrer.

4 Faire cuire au four, 30 à 40 minutes.

Pizza aux champignons et aux poivrons
1 pizza de 35 cm (14 po)

1	abaisse de pâte à pizza	1
150 ml	tomates fraîches sautées (voir p. 36)	⅔ tasse
250 ml	provolone râpé	1 tasse
50 ml	parmesan râpé	¼ tasse
16	gros champignons, nettoyés et tranchés	16
1	poivron rouge, tranché	1
	huile d'olive extra vierge	
	sel et poivre	

Préchauffer le four à 260 °C (500 °F).

1 Badigeonner la pâte à pizza d'une petite quantité d'huile d'olive. Y étaler les tomates sautées et couvrir des fromages.

2 Disposer les champignons et les poivrons sur les fromages. Bien saler et poivrer.

3 Faire cuire au four, 10 à 12 minutes.

Pizza au fromage de chèvre et au bacon

1 pizza de 35 cm (14 po)

350 g	fromage de chèvre	¾ lb
50 ml	crème sure	¼ tasse
50 ml	piments doux rôtis, hachés	¼ tasse
1	abaisse de pâte à pizza	1
175 ml	sauce épaisse pour pizza (voir p. 42)	¾ tasse
175 ml	parmesan râpé	¾ tasse
5	tranches de bacon cuites, croustillantes et hachées	5
	quelques gouttes de tabasco	
	quelques gouttes de sauce Worcestershire	
	sel et poivre	

Préchauffer le four à 260 °C (500 °F).

1 Dans le bol du robot culinaire, mettre le fromage de chèvre, la crème sure, les piments doux rôtis et les sauces tabasco et Worcestershire. Bien assaisonner et mélanger pour bien incorporer.

2 Étaler le mélange au fromage sur la pâte à pizza. Couvrir de sauce à pizza et de parmesan. Poivrer.

3 Faire cuire au four, 10 à 12 minutes.

4 Environ 3 minutes avant la fin de la cuisson, ajouter le bacon haché et terminer la cuisson.

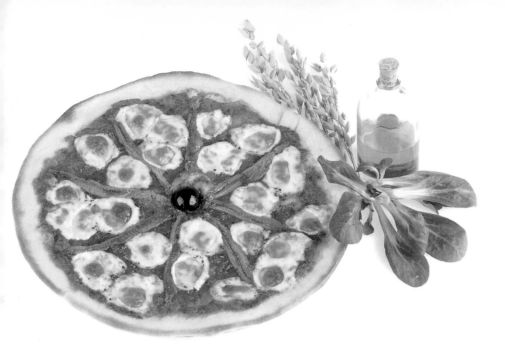

Pizza romana
1 pizza de 35 cm (14 po)

250 ml	sauce épaisse pour pizza (voir p. 42)	1 tasse
1	abaisse de pâte à pizza	1
250 ml	mozzarella coupée en dés	1 tasse
1 ml	origan	¼ c. à t.
15 ml	basilic frais haché	1 c. à s.
8	filets d'anchois, égouttés	8
	quelques gouttes d'huile d'olive	
	poivre fraîchement moulu	

Préchauffer le four à 260 °C (500 °F).

1 Étaler la sauce sur la pâte à pizza.

2 Ajouter le fromage et les assaisonnements. Disposer les anchois sur la pizza comme pour former les rayons d'une roue. Arroser de quelques gouttes d'huile d'olive et poivrer.

3 Faire cuire au four, 10 à 12 minutes.

Index